お笑い総選挙

衆議院議員政策担当秘書
藤《とう》堂《どう》 勁《けい》

飛鳥新社

はじめに

私は衆議院議員に仕えている、現役の政策担当秘書である。

5年間のサラリーマン生活を経験した後、28歳の時に政治の世界に飛び込んだ。

学生時代から政治に関心はあったものの、親族に政界関係者がいるわけでもなく、政治を生業にしようとは考えてもみなかった。

あるきっかけで（146頁参照）、最初に仕えた衆議院議員と知り合うことになり、それから今日まで（一時を除いて）、10年以上にわたって国会議員の秘書として働いている。

これまで、農林水産、金融、会計、防衛というまったく異なる専門分野を得意とする4人の衆議院議員に仕えてきた。彼らは政党も違えば、弁護士、民間企業、官僚、秘書と出身もさまざまで、強烈な個性を持っていた。

議員の選挙区もそれぞれ特徴があった。大都市であったり、まったく対照的な国境の離島が中心であったりと、さまざまな選挙区事情を抱えた地域で数多くの選挙を経験してきた。また、秘書としては異例ながら、いくつかの地方選挙で選対本部長を務めさせていただいた（通例は、議員や地元の名士などが務める）。さらに加えて、私自身、東京都議会議員選挙に立候補した経験もある（前述した「一時を除いて」というのは、この時のことである）。

議員秘書として国政選挙と地方選挙を戦い、選挙立候補の経験もあるというのは珍しいのではないだろうか。

選挙は大人の文化祭だ。

いい年をした大人が鉢巻きを締め、タスキをかけて、大声で絶叫しても、当たり前の光景として受け入れられる。

今、私は地方都市の喫茶店で窓越しに、声をからして選挙運動をしている大人たちを眺めながら、この原稿を書いている。

離れた場所から選挙運動を眺めてみて、20年以上前の高校時代の文化祭を思い出したのだ。傍から見ればお祭りにしか見えない選挙運動も、候補者からすれば、人生を賭けた大勝負なのだから、真剣そのものだ。

そして、真剣であればあるほど、そこには「おかしさ」が生まれる。その「おかしさ」を感じてもらい、選挙や政治に関心をもってもらいたいというのが、本書執筆の目的である。

各種選挙の投票率は軒並み下落傾向にある。国政選挙でも5割を少し上回る程度、知事や市長選挙にいたっては3割台がざらだ。

多くの国民が、選挙というのは「自分とは関係のないところでおこなわれているもの」という意識でいる限り、投票率はこれからも下がり続け、結果として、政治の質が劣化していくことは間違いない。

どういうきっかけであれ、選挙や政治に関心を持っていただくことは、議員でなくとも、この仕事に関わる人間の責務である。

本書の冒頭の方に、『金がなくても選挙ができる』はきれいごとにすぎない」と書いた。

選挙にお金がかかるのは事実である。ただ、私は「お金をつくる」ことができないとは思っていない。私の経験に基づいて言えば、「志のある若い人を物心両面で応援したい」と考えている人はかなりの数いる。

人生の一時を、すべて政治活動に捧げるくらいの覚悟がなければ話にならないが、足を棒にして歩き、熱意を伝え続ければ、足りないものは後からついてくるはずだ。

政治家を志す人には、ぜひあきらめずに、大いなる理想を追求してほしい。

今回、こうしたかたちで本を出版させていただいたのは、自身の選挙の際のある出会いがきっかけである。

私が某私鉄沿線の小さな駅でマイクを握って演説をしていたところ、激励してくれたのが、今回の企画を提案した編集者である。

選挙が終わりしばらく経った頃、氏から連絡があり、お茶を飲みながら選挙談議に花を咲かせた。選挙にまつわる私のよもやま話を聞き、氏は膝を叩いて笑ってくれた。

そして、後日、「実に面白かった。よもやま話を一冊の本にしませんか」と提案されたのである。

私は選挙に落選後、秘書稼業に戻っていたので、初めは固辞した。しかし、考えてみると、選挙に関する本は数多《あまた》あれど、選挙に携わる人々の人間模様や選挙事務所の裏側といった選挙の内幕について書かれた本にはお目にかかったことがない。また、そういったある種のタブーに迫れるのは、候補者としても、裏方としても、選挙に携わってきた私のような人間しかいないかもしれないと思い直し、ペンネームを条件に提案をお受けすることにしたのだ。

執筆の過程で、私のいる政治の世界では常識だと思われていることが、一般社会では非常識である場合が実に多いということに改めて気づかされた。

読者のみなさまには、気楽に頁をめくっていただき、「選挙のおかしさ」を感じていただきたい。そして、これまでより少しでも、選挙や政治に関心をもっていただければ著者としてこの上ない喜びである。

「お笑い総選挙」　もくじ

第1章　選挙に立候補する人々

第3章　選挙事務所の裏側

第4章 選挙運動の常識は世間の非常識

第5章 投票、開票の謎

【もっと知りたい選挙の世界】

第1章 選挙に立候補する人々

1

「議員を減らす」「報酬を減らす」と叫ぶ候補者は、たいてい裏切る

こんなことを言うと、ますますみなさんの政治不信を高めてしまいそうですが、はっきり言います。これは当たり前の話です。

議員定数や報酬の削減は、住民による直接請求（＝有権者の50分の1以上の署名が必要でハードルが高い）や知事、市長など行政側からの提案といった場合もまれにありますが（＝知事や市長は議員に嫌われたくないので、まず提案しない。嫌われると議会運営が停滞するため）、基本的にはその議会に所属する議員が議案として議会に提出し、審議がおこなわれ、採決で賛成過半数を得ることによって初めて実現されます。たとえ、知事や市長が声高に訴えても、議員を除くすべての有権者が賛成だとしても、**議会が否**

決すればどうにもなりません。

現職の議員の中にも、自分の所属する議会の議員定数や報酬を削減すべきだと真剣に活動している人もいらっしゃるでしょうし、これから議員を目指そうとしている人の中にも、「市民が苦しい生活をしているのだから、まず議員自身が身を切らなければならない」と考えて立候補する人がいることも事実です。

しかしながら、議員にも生活があります。**定数が削減されれば、自分が落選するリスクが高まります**。報酬が削減されれば、今までより生活レベルを落とさなければなりません。

ですから、ほとんどの**議員の本音は議員定数や報酬の削減には反対**でしょう。その証拠に、議会で多数を握っている会派（政党）から立候補する人物がこういったことを公約に掲げることはまずありません。なぜなら、自分たちが議会に議案として提出すれば、当然のことながら、賛成多数で通ってしまうからです。

無所属、あるいは議会で少数会派の候補者が選挙の度に議員定数や報酬の削減を公約に掲げ、まったく実現できなくても、「自分が提案しても、議会で否決された」と

言えば、有権者も、

「仕方ない。○○さんはがんばっているのに、○○会派の議員が自分の身を守るために反対してるから悪いんだよね！」

と、公約が進まないことを責められるどころか同情を買います。

さらに、多数会派の議員に憎悪の念が向けられるという具合に、**少数会派の議員にとっては都合のいいスパイラルが生じるのです。**

ただ、定数の削減によって地域の声が政治に反映されなくなるという理由で、反対する議員や候補者がいることもつけ加えておきます。

もっと知りたい選挙の世界

会派

国会内における議員団体。法案への投票などで行動を共にします。また、会派に属する議員数によって、委員会の議席数、質疑時間などが割り当てられます。

通常、同じ政党に属する議員で結成されますが、複数の政党で統一会派を結成することもあります。また、これらの会派に無所属議員が加わったり、無所属議員が集まって一つの会派をつくることもできます。

ちなみに、都議会、県議会、市議会にも会派は存在します（会派制を採用していない地方議会も）。また、同じ政党なのに会派が二つに分かれていたりすることも珍しくありません。たとえば、議会における最も重要な議案である予算案に対して、同じ政党に所属していながら、賛否が分かれるということが起こり得るのです。ただしこれは、国会においてはまず起こり得ないことではありますが。

2

「金がなくても選挙ができる」はきれいごとにすぎない

「ぶっちゃけ、いくら用意できます？」

これは２０１２年、衆議院議員選挙候補者を選ぶ某党による公募面接の際、面接官が私に尋ねた最初の質問です。

いきなりですが、私の十数年の秘書生活と都議会議員選挙立候補の経験から得たことを、はっきり言います。**選挙にお金は必要**です。いくら情熱があっても立候補するには最低限の資金が必要なのです。

新人の場合、**衆議院議員選挙で２０００万円、都道府県議会選挙で１０００万円、市区町村議会選挙で３００万円**くらいが必要最低ラインです。参議院議員選挙や都道府県知事選挙は選挙区が広く、膨大な数の選挙スタッフが必要なので、もっと大きな金額が必要になります。

もちろん地域による違いもありますし、準備期間がどれくらいあるのかによっても費用は大きく変わります。最近は、かつてのように有権者に金や物品をばらまく（もちろん違法）ようなことはほとんどなくなり、「お金をかけない選挙」を売りにする候補者も出てきました。

しかしながら、選挙らしい選挙（有権者に泡沫候補ではなく、しっかりとした候補者だと認知されるような活動）をするためには、お金がかかるのです。ポスターや看板、チラシなどのデザインや制作、チラシのポスティング、事務所の設置、選挙期間中には街宣車に乗る運転手やウグイス嬢の人件費など、挙げればきりがありません。

私が都議会議員選挙立候補に向けて活動を始めたのは、投票日の約三ヶ月前。退職金やわずかな貯金、支援してくれる方々から寄附を募って、1000万円を活動資金として用意しました。この金額の範囲内で投票日までやりくりするつもりでしたし、できる計算でした。

事務所設置は経費節減のため一ヶ所だけ。人件費にはお金をかけず、ほとんどが同級生をはじめとしたボランティアだったにもかかわらず、口座のお金はみるみるうちに減っていきました。活動を始めてからも寄附をお願いし、総計1300万円の活動資金となりましたが、それでも足りずに200万円を借り入れました。

他の候補者とくらべてぜいたくなお金の使い方をしたとは思いません。しかし、たった**三ヶ月の活動で1500万円**かかった自分の経験からすれば、「金がなくても選挙ができる」とは言いたくても、言えない台詞です。

政党の側からすれば、**公認したものの資金不足で出馬を断念されるのが一番困ります**。候補者の差し替えが間に合わなければ、戦わずして敗北することになりますし、党のイメージダウンにもつながるからです。

冒頭でお話ししたように、面接官がはじめにお金をいくら用意できるか尋ねたのは、そういう背景があるからです。ちなみに面接の結果ですが、結局、希望した選挙区を提示されなかったため出馬を断念しました。

3 選挙に出てひどい票だと、最大600万円を没収される

日本では選挙に立候補するにあたって、国会、都道府県議会、市区議会、いずれの

選挙においても、法務局に**供託金**を納めることが義務づけられています。

この制度はイギリスが発祥といわれ、売名行為や立候補者の乱立を防ぐ目的で設けられたといわれています。

選挙公示（告示）前までに納める必要があるため、供託金はあらかじめ用意しておかなければなりません。たとえば、**衆議院議員選挙の立候補者だと300万円（政党の公認候補で比例重複立候補の場合、600万円）**を納付しなければなりません。

政党の公認候補の場合、党が支払ってくれることも多いのですが、**無所属で立候補する場合には完全な自腹**になります。

供託金は当選、もしくは選挙に落選しても一定以上の票を得れば全額返金されますが、有効投票総数に対して一定票に達しない場合は没収されます。衆院選（選挙区）、都道府県知事選挙、市長選挙（政令指定都市）、市区長選挙、町村長選挙の供託金没収点は有効投票総数の10分の1です。ちなみに、供託金の最低金額は市区議会議員選挙の30万円です（町村議会議員選挙に供託金制度はない）。

もっと知りたい選挙の世界

選挙公示（告示）

衆議院議員選挙と参議院議員選挙の選挙期日を告知することを公示と呼び、国事行為として、天皇が詔書をもっておこないます。

それ以外の選挙の告知を告示と呼び、当該選挙管理委員会がおこないます。公示・告示は、選挙ごとに、参議院と都道府県知事が17日、政令市長が14日、衆議院が12日、都道府県議会、政令市議会は9日、市区長・市区議会は7日、町村長・町村議会は5日前までにおこなわなければなりません。

これにより、正式に投票日が決定し、立候補届けの受け付け、選挙運動が始まるのです。なお、期日前・不在者投票は公示・告示日の翌日から実施されます。

4 薄毛の候補者は当選確率76%でも勝つのは難しい

ここで再び私が経験から学んだことをお話しします。はっきり言って、選挙は中高年より若い人、見た目がいまいちの人より**美男美女の方が断然有利**です。当たり前だと言われるかもしれませんが、年齢や顔の造りと政治的な能力は本来、関係ありません。

しかしながら、有権者が候補者と直接触れ合う機会が少ない都市部の選挙では政治経験の乏しい20～30代の美男美女がトップ当選することが少なくありません。

かつて、秘書仲間と某区議会議員選挙で落選した候補者全員のビジュアルを分析したところ、**落選した15人のうち11人が薄毛（もしくは髪の毛がない）**でした。当選した

48人の中にも、薄毛の候補者が数人いましたが（カツラや増毛した方は判別できないので除く）、政党の公認・推薦を受けた候補者でした。

つまり、先述の某区議会議員選挙の結果をまとめると、薄毛で無所属の候補者は、63人のうち48人が当選できる選挙（当選確率約76％）でも勝てない、ということになります。立候補する人にとって、**いかに見た目が重要**かということがおわかりいただけたのではないでしょうか。ですから候補者は皆、ポスターに力を入れるのです。

ちなみに、少々古い資料ですが、あるかつら会社がおこなった、「世界21ヶ国の成人男性薄毛率調査（２００９年発表）」によると、日本人は26・05％で14位。アジアでは、中国、韓国より上位でナンバー1。世界薄毛大国ベスト3は、1位・チェコ（42・79％）、2位・スペイン（42・60％）、3位・ドイツ（41・24％）となっております。

5 ポスターと実際の顔がちがいすぎて、候補者本人とは気づかれないことがある

選挙において、ポスターの果たす役割は絶大です。ポスターは24時間365日、自分をPRしてくれる最強の宣伝ツールであり、**ポスターがすべてと言い切る候補者もいる**くらいです。

候補者からすれば、限られた時間で全有権者と直接会って、政策や思いを訴えることは不可能です。それを補う手段としてのポスター掲示は、特に人口の多い都市部では有効な手段になります。

人通りが多く目立つ場所に、いかに多くのポスターを貼れるかが当落に直結すると言っても過言ではありません。有権者の側からすると、毎日の通勤通学や買い物のルー

トにポスターがあれば、実際には会ったこともない人物でも知っているような気になって、親しみがわくこともあるようです。

このような理由から、各候補者は**写真の撮影やデザインにものすごく力を入れます**。いかに有権者に良い印象を持ってもらうかが重要です。政治不信という言葉が定着して久しいこともあり、有権者にクリーンな印象を与えることがますます重要になってきています。本当は強面《こわもて》で、金にまつわるダーティーなイメージのある候補者でも、撮影の際はニッコリ笑わなくてはいけません。その人物のキャラクターを知っている人からすると、「なんだ、善人ぶりやがって！」ということにもなりかねませんが、都市部の有権者のほとんどは候補者の人柄など知らないものです。

職業柄、いろいろな候補者や議員とお会いしますが、見た目に関していうと、**ポスターより実物のほうが良いことは極めてまれです**。ほとんどの方がアゴを細くしたり、肌を補正したり、目を大きくしたり、髪の毛を増やしたりといった具合に写真を修整していますし、数十年前の写真を平気で使っている方もけっこういます。

ですから、選挙に深く関わっている私でさえ候補者の方から○○ですと挨拶を受けても、誰だかわからず面食らうことがしばしばあるのです。

もっと知りたい選挙の世界

引き寄せる選挙ポスター

ポスターのほとんどの部分を占めるのが、顔写真です。ポスターには大きさに関する規定はありますが、ポスターの中の写真の大きさには規定がありません。全身が写っているものでも、写真なしで文字だけのものでもかまわないのです。しかし、ほとんどの候補者は顔がアップのポスターで勝負します。

最大の理由は、有権者に顔と名前を覚えてもらい知名度を上げるため。また、ポスターの限られたスペースでは細かな経歴や政策を訴えることができないため、顔に自信がなくとも顔面どアップを使うしかないのです。

加えて、有権者が政策や実行力などのわかりづらいものよりも、見た目や最終学歴といったわかりやすいものを投票の判断材料にする傾向が強いのも理由です。その証拠に、いわゆる一流大学の出身者は、ポスターに最終学歴が記載してある場合が多いのですが、そうでない人は何も書いていないことの方が多いです。

ポスターの顔写真は、笑顔のものもあれば、険しい表情のものもあり、正面を向いているものもあれば、そうでないものもあります。服装についてもスーツにネクタイ姿の人もいれば、ラフなシャツだけの人もいます。

どういった写真がベストなのかは、候補者の特徴にもよるので、選挙スタッフの間でも意見が割れることが多く、正解はありません。ただ一つ言えるのは、有名カメラマンが撮影した写真を使ったポスターは、パッと目を引くものが多いということです。

私がここ数年で出来がいいと思ったポスターの写真は、偶然にもすべて著名な写真家、桐島ローランド氏が撮影したものでした。どこがどのようにいいのか具体的に説明するのは難しいですが、候補者の顔の良い部分だけが際立っており、悪い部分が上手に隠れているのです。そして、とにかくよく目立つ。

一例を挙げると、2010年の参院選で東京都選挙区から、「みんなの党」（当時）公認で立候補した時の松田公太氏のポスターです。この選挙で、松田氏は最下位の第5位でギリギリ当選を果たしました。私は松田氏が共産、自民の候補に競り勝ち、なんとか滑り込めたのは、このポスターの影響が大きかったと思っています。

私が初めてこのポスターを目にした時の印象を言うならば、それは、「斬新」の一語に尽きます。ラフな髪型にノーネクタイ、左手を顎に当てたポーズは、それまで私が見たどの候補のポスターよりクールで格好良いものでした。その反面、こういうスタイルの写真を使うことにはリスクも伴います。「格好良い」と思う人がいる一方、「生意気だ」とか「スカしてる」と思う人も確実にいるからです。

ただ、参議院の東京選挙区は衆議院の小選挙区とは違い、定数が5です。つまり、有権者すべてに好かれる必要はありません。嫌だなと思う人がいても、すごくいいと思う人が10人に一人でもいれば当選できるのです。実際、この選挙における松田氏の得票率は10％程度でした。

おそらく、選挙ポスターにこの写真を使うかどうかは、選対内部でも相当意見が割れたはずです。当時、新興政党だった「みんなの党」から松田氏が当選できたのは、リスクを負ってでもあの写真を使った松田氏ならびに選対の英断によるものだと、私は考えています。

とはいえ、もちろんそれは、松田氏の選挙ポスターを格好良く撮影した桐島氏がいてこその話です。私も自分が立候補する際に、受けてくれるかどうかは別として、桐島氏にお願いに行こうかと真剣に考えたほどです（といっても、お金もないので断念しましたが）。

ちなみに、桐島氏は2013年の参議院議員選挙に、東京選挙区からみんなの党公認で立候補し、落選してしまいました。ということは、桐島氏は、誰か自分以外のカメラマンに撮影を頼んだ、ということなのでしょう。公職選挙法に、「選挙ポスター用の写真は自撮りしてはいけない」という規定はないのですが……。

6 「万が一落ちても生活の面倒はみる」は、ほとんどウソ

国会議員にとって、次の選挙に勝つために、**味方の地方議員や市区町村長を一人でも増やすことは極めて重要なこと**です。なぜなら、議員一人を味方につけることで、その親族や支援者までもが味方になり、票になるからです。

市長（選挙）や町長（選挙）、あるいは県議会議員（選挙）の一人区では現職が長年その座にいる場合が多く、対抗馬を立てようにも、誰もが二の足を踏んで、**無投票再選の繰り返し**ということが数限りなくあるのです。

選挙に立候補するということは、**負けた場合には、職も金も失うリスクを背負う**ということです。立候補の意欲はあるけれど決断できない人物に、現職と反対の立場に

ある国会議員や前の選挙で現職の対抗馬を押して冷や飯を食わされている業者などが、「現職の評判は散々だから、絶対に勝てる！　万が一落選しても仕事を紹介する。選挙費用は寄附だけでまかなえる。そもそも、そんなに金はかからない」

などと言ってその気にさせるのは常套手段です。

本当にそうなる場合もまれにあるのでしょうが、落選すれば、その期待はほとんど裏切られます。契約書を交わすわけではありませんし、落選して影響力のない人物など議員や業者からすればなんの役にも立ちません。

ですから、「話が違うじゃないか！」と言ったところで後の祭り。立候補してしまえば、**選挙の結果はすべて自己責任**なのです。

7 最近の衆議院議員選挙の新人候補は世襲、官僚出身スーパーエリート、ベテラン県議の3パターンがほとんどである

１９９４年、衆議院議員選挙に小選挙区比例代表並立制が導入されてから、候補者の経歴に多様性がなくなりました。それ以前の**中選挙区制度では、一つの選挙区から3〜5人当選することができた**ため、まず無所属で立候補、当選してから政党に入党する（ほとんどが自民党ですが）というパターンが多くありました。

小選挙区制度では、各選挙区から一人しか当選できないため、政党の公認候補でないとまず当選できません。ですから、公認権をもった政党の力が非常に大きくなり、当選後も党の決定に違反したり、党執行部に面と向かってものを言える政治家が少なくなりました。

その典型的事例が、2005年のいわゆる小泉郵政選挙です。自民党は党の決定に違反し、郵政民営化法案に反対した現職の国会議員を公認せず、刺客と言われる対抗馬を擁立しました。この結果、反小泉派の現職議員の多くが落選の憂き目にあいました。

落選後、政界を去られた方、別の党を作った方、他党へ移った方、反省文を書かされたうえ頭を下げて自民党に復党した方など、その後の政界での立ち位置はさまざまですが、一度、党公認候補の座（選挙区支部長という）を別の人物に奪われたら、同一選挙区でそれを取り返すのは容易ではありません。

以上の話から想像がつくと思いますが、最近の政党は叩き上げでうるさ型の個性的な候補者を嫌います。そのため、衆議院選挙における新人候補者は、大きく分けると次の3パターンで70％前後を占めるのではないでしょうか（この数値は10年以上の議員秘書経験から得た私の実感です）。

①世襲→先代からの地盤があり、選挙資金も豊富、**②官僚や弁護士、医者、外資系サラリーマンなどのスーパーエリート**→地方における学歴、経歴重視は顕著。資金も

あり、党執行部の決定に背くような人が少ない、**③県議会議長出身などベテラン県議**

↓長年の選挙で培った強固な地盤、地域の有力者とのつながりがある。

つまり、①②③の少なくとも一つに該当しないと、公認を受けるのは難しいということになるのです。

もっと知りたい選挙の世界

一人しか立候補できない小選挙区制

かつて衆議院議員選挙が中選挙区制を採用していた時代には、同一選挙区に同一の党の候補者が複数名立候補していました。

しかし、衆議院議員選挙に、一つの選挙区から一人しか当選できない小選挙区制（比例復活当選はある）が導入されてから、同一選挙区に同一の党の公認候補者は一人しか立候補しません。というか、できません。

同一選挙区に同一の党から複数の候補者が立候補すると、票が割れてしまい他党の候補者を有利にさせてしまうので、一人しか立候補させないのです。ですから、選挙よりも前にまず政党の公認争いに勝たないと立候補できません。逆にいえば、選挙そのものよりも党内の公認争いの方が熾烈で、勝つのが難しいといえます。

8
小選挙区制度では、政治家が小粒になる

中選挙区制度では一つの選挙区の定数がおおむね3～5人だったため、有権者の好き嫌いがはっきり分かれる個性の強いタイプでも、コアなファンをしっかりつかんでいれば、当選することができました（有権者は人物本位で投票先を決めることができた、とも言えるでしょう）。

しかし現行の、選挙区で当選できるのが一人だけである小選挙区制度では、時によって**50％以上の得票率がなければ当選できません。**

となると、熱烈な支持者はいるものの嫌いな人も多いというタイプよりも、個性はそれほどないけれど、**誰からも嫌われないというタイプの方が適任**ということになり

ます。昨今、「政治家がだいぶ小粒になった」と言われることが多いのも、選挙制度によるところがあるのかもしれません。

ハマコーこと浜田幸一元衆議院議員を覚えているでしょうか。浜田元議員は政界の暴れん坊の異名をとり、学生時代から芸者遊びと喧嘩に明け暮れ、元ヤクザという経歴ながら衆議院議員を7期務めました。その間も、ラスベガスで一晩に5億円近くをすったり、法務大臣を殴打したりと話題に事欠かない政治家でした。引退後はバラエティ番組の常連になり、破天荒ながらもどこか憎めないキャラクターで愛され続け、2012年に亡くなりました。**浜田元議員のような政治家は、現在では絶滅危惧種**とさえ言えますし、これから先は現れることはないでしょう。

もっと知りたい選挙の世界

小選挙区制度で有利な政党、不利な政党

小選挙区制度には、単純小選挙区制と小選挙区比例代表並立制（小選挙区で落選しても、比例復活当選できる場合があります。また、比例代表のみでの立候補も可能）

の二つがあります。

いずれにおいても、小選挙区制度は大きな政党が圧倒的に有利な制度です。その地域における知名度が抜群で、強力な後援会を持っている人物でない限り、小政党に属していては小選挙区ではまず勝てません。

戦前のわずかな期間に小選挙区制度が採用されたことはあったものの、我が国が本格的に小選挙区制度を導入したのは1994年で、1996年の衆院選から実施されています。

導入当初より、小選挙区比例代表並立制（小選挙区300名、比例代表200名）が採用され、若干の定数変更（現在、小選挙区300名、比例代表175名）はあったものの、現在も維持されているのです。

1994年の導入の際、これを主導したのが小沢一郎氏（現在、生活の党と山本太郎となかまたち共同代表）です。日本も米国や英国にならい、政権交代可能な二大政党制を作り上げるというのが主な狙いであり、実際、2009年には自民・公明連立政権から民主・社民・国民新党の連立政権へと政権交代がおこなわれました。

小選挙区制度の大きな問題の一つは、わずかな得票差でも議席数に大きな差が出ること。つまり、死票が非常に多くなるということです。

たとえば、自民党は2005、2012、2014年の衆院選において、民主党は2009年の衆院選において、いずれも4割台の得票率でした。にもかかわらず、7

割以上の議席を獲得しています。さらに言えば、現行制度で衆院選が実施された1996年から2014年までの7回のうち、なんと4回で死票が5割を超えているのです。

2014年の衆院選では、野党第一党の民主党と第二党の維新の党が小選挙区での共倒れを防ぐために選挙協力をおこないました。小選挙区制度の下では、安定した自民党を相手に同一選挙区で野党の候補を乱立させれば、自民党を利することになるからです。

2012年の衆院選では、いわゆる第三極と言われた日本維新の会やみんなの党が議席を大きく伸ばしたとはいえ、自民党を脅かすほどの存在にはなりませんでした。その後の日本維新の会や維新の党の分裂、みんなの党の解党などにより、現在、第三極は風前の灯火という状態です。

共産党はここ最近、議席数を伸ばしているものの、中選挙区時代の最盛期にくらべればむしろ議席は減っています。社民党（旧日本社会党）は55年体制下では、野党第一党を維持していたものの、小選挙区制導入以降は党勢衰退に歯止めがかからず、衆参合わせてもわずか5人の小政党に成り下がりました。

このように、いつ何時も議席数がほとんど変わらない公明党を除いて、小選挙区制度の下で小政党が生き残るのは、至難の業と言えるでしょう。

9 地方には悲惨なほどの学歴コンプレックスがある

候補者にとって、いかに見た目が重要であるか（美男美女ということに加え、清潔感やクリーンなイメージも）はすでにお話ししましたが、有権者と直に触れ合う機会が少ない選挙であればあるほど、さらに見た目重視となります。

私は数年前、某政党の候補者公募に立ち会ったことがありますが、提出された論文や政策の中身などまったく評価の対象にならず、見た目だけで選定を進めていて、あまりの露骨さに驚愕した覚えがあります。公募の際には、このように見た目が大きなウェートを占めることは間違いありませんが、ポイントがもう一つあります。

学歴です。前々項で衆議院選挙の新人候補者②のパターンとして紹介しましたが、地方に行けば行くほど有権者は投票の判断材料にします。

ある地方の県知事選で、新人の女性候補（専門学校卒）の応援に行った時のこと。山の上にある農家や小さな漁業集落での反応が非常に悪かったのです。

「こげな学歴では、県のトップにできんばい！」

という情け容赦ない声が非常に大きかったことを記憶しています。

こんな理由で地方の知事の多くが、東大卒、官僚出身のエリートで占められてしまうのかもしれません。**結局、勝てる候補者は見た目と学歴でしか判断できない**ということでしょうか。

10

参議院「全国区」は選挙区が日本全土と広大な上、40万票以上取っても落選することがあるので、別名「残酷区」と呼ばれている

２０１０年の参議院議員選挙で、国民新党から出馬した長谷川憲正候補は40万６５８７票を獲得するも**落選**しました。

一方、みんなの党から出馬した桜内文城候補は３万７１９１票で**当選**しました。なんと、**得票数は10分の１以下**です。

不思議に思われるかもしれませんが、現在の制度上、このようなことは頻繁に起こります。現在の参議院議員選挙では、投票の際、**二枚の投票用紙**が渡されます。

一枚目には、選挙区の**候補者の氏名を書く**ことになります（たとえば、東京都に住民票があれば、東京都選挙区で立候補している候補者の氏名を書く）。

二枚目には、ここがわかりにくいのですが、**①「参議院比例区」**（通称、参議院全国区）**に立候補している候補者の個人名」か、②「政党名」のどちらかを書く**という制度になっています。そして、①が属している政党＋②の総計によって、政党への議席配分が決まります。

たとえば、A党が10名の議席配分を得た場合、A党の中での得票順に1～10位までが当選者となります（非拘束名簿式）。先述した２０１０年の選挙だと、長谷川候補は個人で40万票以上得票したものの、国民新党は党として当選者一人を出すだけの得票が得られなかったため、このような結果になったのです。

ですから、**どの政党から立候補するかによって当選のために必要な得票数が大きく変わってくるのです。**

参議院全国区は選挙区が広大な日本列島全体であり、その制度の複雑さや開票してみるまでまったく勝敗の予想がつかないことなどから、**参議院残酷区**とも言われています。

もっと知りたい選挙の世界

二枚目の投票用紙

参議院比例区の二枚目の投票用紙には、①参議院比例区に立候補している候補者の個人名か、②政党名のどちらかを書く制度になっています。①+②の総計で各政党への議席配分が決まり、その政党の中で個人得票が多い順に当選者が決まります。陣営にとっては、有権者にいかに①の個人名を書いてもらうかで勝負が決まるので、支援団体の集会や電話、街頭演説などで「投票するよ!」と言ってくれた人には、「二枚目の投票用紙には政党名ではなくて個人名を書いてください!」と言い続けます。たいていの人は、「しつこいなあ。安心してよ」と言うのですが……。

それでも投票日、陣営の事務所には、「安心して。もう投票してきたよ。しっかり政党名を書いてきたから!」と言って訪問してくる人やそういう内容の電話がかかってきます。陣営で待機しているスタッフはガクっときますが、満面の笑みで報告に来てくれた支持者に、「あれだけ言ったのに、なぜーーーー!」なんて言えるわけがありません。たしかに、政党名を書いてもらうことで党としての議席配分が増えるわけですから、もちろんありがたい。とはいえ、喜ぶに喜べないというのが正直なところなのです。この投票方式を有権者にいかにして理解してもらうかが、参議院比例区(参議院全国区)の候補者陣営の永遠の課題でしょう。

11

参議院全国区では、苗字が"あ行"の候補者は断然有利

直近の2013年の参議院全国区の選挙には、162名が立候補しました（そのうち当選者は48人）。

ほとんどの有権者の方は、よっぽどの政治好き、あるいは選挙通でもない限り、タレントやスポーツ選手などの**有名人以外は、誰が立候補しているのかわからなかったでしょう**（もちろん、2013年の選挙に限ったことではありませんが）。

参議院全国区の選挙は他の選挙と違い、立候補者が大勢いるため、ポスターを貼る公営掲示板もありません。

ということは、事前に新聞やインターネットで能動的に情報収集しない限り、投票

所に行って、投票直前に投票台に貼ってある紙を見て、誰に投票するかを判断するしかないのです。

次頁の参議院名簿登載者氏名掲示の表をご覧いただければわかるとおり、候補者を最も多く擁立している自由民主党は、候補者名を右端から、あいうえお順に記載しています。候補者を多数擁立している民主党やみんなの党（現在は解党）も右端から、あいうえお順に記載しています（記載順は党が決めることができる）。と同時に、当選者が右側へ片寄っていることもおわかりになるでしょう。

みなさまも経験があると思いますが、162名の名前が羅列してあるのを見ても、目がチカチカするだけ。結果、面倒になり、**「一番右端に記載してある〝あ行〟の候補者でいいや」**（「もしくは、「右の方に記載してある候補者でいいや」）みたいなことになってしまうのです。

平成二十五年七月二十一日執行参議院比例代表選出議員選挙

参議院名簿届出政党等名称等及び参議院名簿登載者氏名掲示　何市（区町村）選挙管理委員会

（ふりがな）参議院名簿届出政党等の名称	（ふりがな）略称	
自由民主党《じゆうみんしゅとう》	自民党《じみんとう》	赤池《あかいけ》まさあき あぜもとしょうご ありむら治子《はるこ》 石井《いしい》みどり 石田《いしだ》まさひろ 伊《い》藤《とう》ようすけ えとうせいいち 大江《おおえ》やすひろ 太田《おおた》ふさえ
日本維新《にほんいしん》の会《かい》	維新《いしん》	中山恭子《なかやまきょうこ》 むろい邦彦《くにひこ》 浅田《あさだ》ますみ アントニオ猪木《いのき》 伊賀《いが》やすお 石井《いしい》よしあき 石川《いしかわ》てるひさ 石原結實《いしはらゆうみ》 岩本壮一郎《いわもとそういちろう》
緑《みどり》の党《とう》 グリーンズジャパン	グリーン	すぐろ奈緒《なお》 長《は》谷《せ》川《がわ》ういこ 田《た》口《ぐち》まゆ 大野《おおの》たくお しまざきなおみ 木《き》村《むら》ゆういち 尾《お》形《がた》けいこ 木《き》田《だ》せつこ 三《み》宅洋平《やけようへい》
民主党《みんしゅとう》	民主《みんしゅ》	あいはらくみこ いがらし文彦《ふみひこ》 石井《いしい》　一《はじめ》 石上《いしがみ》としお いそざき哲史《てつじ》 大島《おおしま》くすお 奥村《おくむら》てんぞう かの道彦《みちひこ》 神本《かみもと》みえ子《こ》
生活《せいかつ》の党《とう》	生活《せいかつ》	広野《ひろの》ただし 藤原《ふじわら》よしのぶ はたともこ 山岡《やまおか》けんじ 東《あずま》　祥三《しょうぞう》 みやけ雪子《ゆきこ》
社会民主党《しゃかいみんしゅとう》	社民党《しゃみんとう》	又市征治《またいちせいじ》 山《やま》シロ博治《ひろじ》 鴨《かも》ももよ 矢《や》野《の》あつ子《こ》
幸福実現党《こうふくじつげんとう》	幸福《こうふく》	やない筆勝《ひっしょう》 トクマ いざわ一明《かずあき》
みどりの風《かぜ》	みどり	谷岡《たにおか》くにこ 山田《やまだ》正彦《まさひこ》 井《い》戸《ど》川《がわ》かつたか
新党大地《しんとうだいち》	大地《だいち》	松木《まつき》けんこう 内山《うちやま》あきら はぎはら仁《ひとし》 橋本《はしもと》べん 田《た》宮《みや》かいち 前川《まえかわ》ひかる ささ節子《せつこ》 町川《まちかわ》じゅんこ 鈴木《すずき》宗男《むねお》
公明党《こうめいとう》	公明《こうめい》	若松《わかまつ》かねしげ 平木《ひらき》だいさく 魚住《うおずみ》ゆういちろう 山本《やまもと》かなえ 山本《やまもと》ひろし かわの義博《よしひろ》 新妻《にいづま》ひでき 雨宮秀樹《あめみやひでき》 川島信雄《かわしまのぶお》
日本共産党《にほんきょうさんとう》	共産党《きょうさんとう》	山下《やました》よしき 小池《こいけ》　晃《あきら》 紙《かみ》　智子《ともこ》 井上《いのうえ》さとし 仁《に》比《ひ》そうへい あさか由香《ゆか》 池内《いけうち》さおり 井《い》沢《ざわ》孝典《たかのり》 江《え》上《がみ》ひろゆき
みんなの党《とう》	みんな	いしい竜馬《りょうま》 井上《いのうえ》よしゆき 梅沢《うめざわ》しげお かわい純一《じゅんいち》 川田《かわだ》龍平《りゅうへい》 きくちふみひろ こさいたろう 菅原《すがわら》なおとし 平《たいら》　智之《ともゆき》

（ふりがな） 参議院名簿登載者の氏名
金子《かねこ》ぜんじろう　北村《きたむら》つねお　木村《きむら》よしお　きむらりゅうじ　佐々木《ささき》洋平《ようへい》　佐竹《さたけ》まさあき　佐藤《さとう》のぶあき　佐藤《さとう》まさひさ　山東昭子《さんとうあきこ》　そのだ修光《しゅうこう》　塚原光男《つかはらみつお》　つげ芳文《よしふみ》　橋本聖子《はしもとせいこ》　羽生田《はにゅうだ》たかし　丸山和也《まるやまかずや》　宮本《みやもと》しゅうじ　山田《やまだ》としお　米坂《よねさか》ともあき　わかさ勝《まさる》　わたなべ美樹《みき》
うえの公成《こうせい》　遠藤《えんどう》のぶひこ　おくむら慎太郎《しんたろう》　片岡伸子《かたおかのぶこ》　川口《かわぐち》ひろし　ギマ光男《みつお》　くりはら博久《ひろひさ》　桜井《さくらい》よう子　せと健一郎《けんいちろう》　高田《たかだ》きよこ　竹内栄一《たけうちえいいち》　土田《つちだ》ひろかず　富山《とみやま》よしのぶ　中野正志《なかのまさし》　にへいふみたか　藤巻健史《ふじまきたけし》　松村《まつむら》よしやす　松本《まつもと》こういち　宮崎《みやざき》ケンジ　矢口《やぐち》けんいち　山崎《やまざき》たい
かわいたかのり　ささき隆博《たかひろ》　さだみつ克之《かつゆき》　たるい良和《よしかず》　ツルネンマルティ　とどろき利治《としはる》　浜野《はまの》よしふみ　円《まどか》より子《こ》　やなせ進《すすむ》　吉川《よしかわ》さおり　吉田公一《よしだこういち》
窪田哲也《くぼたてつや》　清水定幸《しみずさだゆき》　鈴木《すずき》　充《みつる》　深澤《ふかざわ》　淳《あつし》　松葉《まつば》　玲《あきら》　宮地広助《みやちこうすけ》　四重田雅俊《よえだまさとし》　鷲岡秀明《わしおかひであき》
大西《おおにし》オサム　木村《きむら》けんじ　こだか洋《ひろし》　たけだ良介《りょうすけ》　辻《つじ》　源巳《もとみ》　ニシヒラ守伸《もりのぶ》　村上信夫《むらかみのぶお》　山本陽子《やまもとようこ》
富岡《とみおか》ゆきお　ふなびきこうこ　本田《ほんだ》あきこ　山口《やまぐち》かずゆき　山本《やまもと》こうじ　渡辺《わたなべ》みちたろう

※◯囲みは当選者。右端の方に当選者が多いことがわかる。

12 ネット選挙の解禁でネガティブキャンペーンがさらに悪質になる

ネガティブキャンペーン（以下、ネガキャン）とは、**相手の政策や人格を誹謗《ひぼう》、中傷して信頼を失わせる選挙戦術**のことを言います。

ネット選挙が解禁されるまでは、ネガキャンと言っても怪文書を流したり、ポスターにいたずらするといったことがほとんどでした。

2013年の参議院議員選挙からネット選挙が解禁されましたが、早速、東京都選挙区から立候補した民主党の鈴木寛氏がネット発のネガキャンの被害者となりました。鈴木氏は通産省出身のIT政策通で、民主党広報委員長としてネット選挙の解禁にも尽力した人物です。

この選挙の際、ネット上で火がついたのは、鈴木氏が文部科学副大臣時代に、「①文部科学省が緊急時迅速放射能影響予測ネットワークシステム（ＳＰＥＥＤＩ）のデータを公表しなかった、②子どもの被ばく許容量を年間20ミリシーベルトと決定し無用な被ばくをさせた」という情報です。原発事故と鈴木氏の責任を結び付けたネガキャンが張られたのです（つまり、自らが推進したネット選挙でダメージを受けることとなってしまったわけです）。

この選挙の対立候補の一人が反原発を旗印にした山本太郎氏（現参議院議員）であり、鈴木氏は原発推進派のレッテルを貼られたことが大きく影響して、**民主党唯一の公認候補者でありながら落選**の憂き目にあったのです。

ネット上では、ネガティブな情報の拡散は非常に早いものです。特定の候補者の落選を目的とする落選運動の高まりも予想されるため、今後ますます、ネット発のネガキャンの被害にあう候補者が出てくるはずです。

相手候補に対するネガキャンを考えるよりも、万が一のために、自らをネガキャンから守る方法を、あらかじめ考えておくことの方が重要な時代になったと言えるでしょう。

もっと知りたい選挙の世界

有名なネガティブキャンペーン

代表的なネガキャンとして、1983年に旧東京2区から立候補した新井将敬候補（98年に港区内のホテルで自殺）のポスターに、同じ自民党から立候補した石原慎太郎候補の秘書が「66年　北朝鮮より帰化」と書いたシールを貼りつけたという事件があります。

また、政党やその支援団体にターゲットを絞ったものとして、1990年代半ばから自民党が機関紙『自由新報』に、「シリーズ新進党＝創価学会ウオッチング」を掲載。主な内容としては、

・池田大作名誉会長が女性信者をレイプしたという疑惑

・（宗教法人法の改正問題に絡んだ）池田大作名誉会長の参考人招致や証人喚問要求に反発した公明党系の新進党議員を厳しく非難

・日蓮正宗僧侶の交通事故死は、創価学会員が意図的に引き起こしたという記事を掲載し、大々的に創価学会批判キャンペーンを展開。

時を同じくして亀井静香衆議院議員（当時自民党）が白川勝彦元衆議院議員と共に、公明党と創価学会の関係が政教分離原則に反するという問題を追及する、「憲法20条を考える会」を発足させ、会長に就任しました。

亀井氏は宗教法人法改正に反対の姿勢を見せていた創価学会に対し、「池田大作さんに宗教法人特別委員会に参考人として出てきてもらい、宗教法人法の改正に反対の理由を述べてもらいたい」と発言するなど、創価学会との対決姿勢を鮮明にしたのです。

特別コラム

与党は憲法改正を視野に78議席以上取れるか
野党は共闘で番狂わせを起こせるか
日本の未来が決まる！
2016年夏の参院選、超予測!!

2016年夏の参院選を予測するのは、ここ数回おこなわれた参院選とくらべても格段に難しい。その理由として、

①候補者が決まっていない選挙区が多い
②野党が共闘を成立させ、統一候補を立てられるのかどうか
③複数人区（神奈川、愛知、大阪）などで、自民や野党が複数の候補者を立てるのか、それとも一人に絞るのか

④おおさか維新の会が関西以外にも候補者を立てるのか
⑤衆参同日選挙となるのかどうか

ざっと挙げただけでも、これだけ未確定事項があるのだ。

加えて、こうして執筆している間にも（本稿執筆着手は同年1月下旬）、沖縄・宜野湾市長選挙における与党推薦候補の勝利、甘利明経済再生担当大臣の金銭授受疑惑による辞任、宮崎謙介衆院議員の不倫騒動による議員辞職意向表明（同年2月12日）など、参院選の結果に影響するようなニュースが飛び込んでくる。きわめつきは、3月27日に民主党と維新の党が合併し、最大野党、民進党（衆参議員合わせて156名）が誕生したことだ。

もちろん、政治にタラレバはない。しかし、これほど予測が難しい選挙だからこそ、あえて「民主党のままだったら」と、「民進党になった今」という二つのパターンで、できる限りの予測をしてみよう。

衆参同日選はあるのか、ないのか

参院選の趨勢を見極める上で最も重要であり、世間の関心も高い「衆参同日選」の可能性についてだが、私は50％以下だと見ている。

昨年の秋頃から、衆参同日選があるのではないかというニュースがしきりに流れるようになり、その後、自民党幹部による同日選の可能性をにおわせるような発言も相次いだため、さまざまな憶測を呼んでいる。

私も都議会議員や区議会議員も含め、かなりの数の方から「同日選は本当にあるのか」といった質問を受けてきた。私は、そういうお尋ねを受けた時には、次のように答えている。

「可能性はある。同日選をやることで、参院選に勝てるならやる。勝てないならやらない」

これは偽りのない私の本音である。

参院選まで時間がある現時点で、おそらく、総理自身、やるかやらぬか、まだはっきりとは決めていないはずだ。

ただ、総理が同日選を視野に入れていることは間違いない。報道などでも言われているように、今年（2016年）の通常国会が1月4日という異例の早さで召集されたことは同日選に向けての布石だと言うこともできるし、来年（2017年）4月の増税後はしばらく選挙ができないというのも、そのとおりだろう。

「野党がバラバラで選挙準備が整っていないうちに衆院選もやった方が有利だ」

「組織力が弱っている今の野党に衆参同日選を戦える体力はない」

「過去2回の同日選では自民党が圧勝した」

といった声も、たしかに説得力のあるものだ。

とはいえ、過去2回の同日選は中選挙区時代のもので、必ずしも参考にはならない。しかも、そのうち1回は「**死んだふり解散**」と言われ、マスコミはおろか、身内をも騙して断行されたものであるということはつけ加えておかなければならない。

もっと知りたい選挙の世界

死んだふり解散

1986年6月2日、当時、在任4年目の中曽根康弘首相がおこなった衆議院解散の通称。86年前半は、2016年の前半同様、この年におこなわれる参院選に合わせて、衆議院が解散され同日選挙となるかどうかが注目されていました。

世論調査で高い内閣支持率を保つ中曽根首相は、前回総選挙で失った議席の回復と自民党総裁の任期延長を目論んだのです。しかし、衆議院の議員定数の不均衡（一票の格差）について下した、最高裁判所の違憲判決が解散総選挙の障害となっていました。そこで、政府は公職選挙法改正（定数是正）を成立させたのですが、改正法には新定数に関する周知期間（30日）が設けられていたため、周囲は「解散はなし」と高をくくっていました。そこを、同日選挙が可能なギリギリの期日で解散をおこなったのです。

定数是正の周知期間があるため早期解散はできないと思わせたことを、中曽根首相が後に「死んだふり」と表現したことから、「死んだふり解散」という解散名が定着しました。

安倍総理にとって、参院選で「78議席」を取れたら勝ちの理由

では、今回の参院選において、総理が考える「勝ち」とはいかなるものだろうか。それは、参議院242議席の3分の2を自民・公明、さらに与党寄りのおおさか維新の会を加えた3党（日本のこころを大切にする党などが加わる可能性もある）で取れるかどうかということに尽きる。

通常であれば、自民単独あるいは自民・公明の与党で過半数が取れれば勝利ということになるが、今回の参院選では、それは当たらない。

安倍総理が宿願である**憲法改正**を自身の在任中になんとしても成し遂げたいと考えていることは間違いないからだ。総理自身が参院選の争点として憲法改正を唱えていることからも、それは明らかである。

憲法改正発議のためには、**衆参両院でそれぞれ3分の2以上**の議員の賛成が必要となる。現在、衆議院では、自民・公明のみで全議席（475）の3分の2を超える327議席を保持しているが、参議院では、全議席（242）の3分の2に遠く及ば

ない。

7月の参院選では、242議席の半数に当たる121議席（選挙区73、比例区48）が「改選」となる（参議院議員の任期は6年で、3年ごとに半数が改選となる）。7月に改選とならない「**非改選**」の与党の議席数は、自民65、公明11の計76議席。それに、おおさか維新の会が5、日本のこころを大切にする党が3、**総計84議席**となる。

つまり、242議席の3分の2に当たる162議席から非改選の84を引いた数、「**78議席**」を取れば勝ちということになり、憲法改正に向けた準備態勢が整うことになるのだ。

衆参両院で3分の2を獲得するのは相当難しい

言い換えれば、参院選で3分の2以上の議席を取れさえすれば、**わざわざ衆議院を解散して選挙をする必要はない**のである。ただ、こうも言える。

「衆議院を解散して衆参同日選に持ち込んだ方が、参院選で3分の2を取れる可能性が高まる」

あるいは、

「持ち込まない限り、3分の2は取れない」

ということになれば、衆参同日選の可能性は大いに高まるということが言える。

もちろんこれは、衆議院で3分の2の議席が保持できることが大前提ではあるが。

仮に衆参同日選に打って出た場合、争点が憲法改正のみに絞られた場合、各種世論調査の数字などから見ても、衆参両院で3分の2を獲得するのは相当難しいと私は見ている。となると、来年4月に予定されている10％への消費増税凍結も併せて争点とするかもしれない。

ただ、消費増税の凍結は、2014年の衆院選でも解散の大義とされたということと、

「予定どおりに増税ができないということは、安倍総理の経済政策であるアベノミクスが上手くいっていないからだ」

というロジックも成り立ち、野党に攻撃材料を与えることにもなる。

また、一部報道では、衆参同日選を嫌う公明党に配慮し、参院選後の秋か冬に衆院

選をおこなうのではないかとも言われているが、その可能性はさらに低い。

ここ数年の国政選挙では揺り戻しがあることが多い。

これは、一つの党を勝たせすぎるのは良くないという感覚、つまり右倣《なら》えした後にバランスをとろうとする日本人の投票行動の特徴によるものだ。

それを考えれば、やはり年内に時期をずらして衆院選をやるとは思えない。

定数是正により32選挙区となった一人区

では、参院選はどのような結果になるのだろうか。

前回、前々回の参院選、それ以外の各種選挙の結果、直近の世論調査などのデータに私見を加え、具体的な数字を挙げて予測してみよう。

投票率は前回参院選の52・6％と大きく変わることはなく、50～55％の間。

また、7月の参院選から選挙権年齢が18歳以上に引き下げられることになり、若年層の投票行動にも注目が集まるが、これにより増える有権者は全体の約2％、投票率も低いことが予想され、大勢に影響はないと判断した。

まず、参院選の勝敗を左右すると言われるのが、定数是正により**今回から32選挙区となった「一人区」**だ。

今回の定数是正は、宮城、新潟、長野の3選挙区が二人区から一人区へと変更になり、さらに、それぞれ定数1だった鳥取、島根、徳島、高知の4選挙区に**合区**が導入され、鳥取・島根で1、徳島・高知で1となった。この結果、前回まで31選挙区だった一人区が一つ増えて、32選挙区となった。

もっと知りたい選挙の世界

参議院合区

合区とは、参議院選挙の一票の格差を小さくするため、人口の少ない県同士を統合すること。合区を導入することを決めた今回の改正公職選挙法は、2015年7月28日の衆議院本会議で成立し、2016年夏の参院選から実施されることになります。1947年の参議院創設以来、初めての試みです。一票の格差は、2013年参院選で4・77倍でしたが、今回の改正で2・97倍まで縮むことになり、1992年参院選の6・59倍にくらべると半分以下になります。

実際、統合されるのは、「鳥取・島根」「徳島・高知」。この2合区を含む、定数の「10増10減」がおこなわれます。さらに詳しく説明しましょう。

鳥取、島根、徳島、高知の定数は、現在、各県2で合計8ありますが、2合区はそれぞれ2（合計4）として、全体では4減らします。その他、宮城・新潟・長野の3県でそれぞれ4から2に減らし、合区分を含めて計10減となります。削減分は人口が多い県に回すことになり、東京が10から12、愛知県が6から8に、北海道・兵庫・福岡各県で4から6になります。いずれも3年ごとの参院選で定数の半分ずつを改選します。

合区によって、地方の声が国政に届きにくくなるとの批判もありますが、地方の過疎化と大都市の一極集中が続けば、合区が増えるのは確実であり、道州制など日本の行政機構の見直し議論が進む可能性があります。

ちなみに、改選定数が1の「一人区」は、過去最多の32選挙区になります。与野党が議席を分け合うことが多い複数区にくらべて、一人区は選挙時の風によって当選者が入れ替わります。つまり、一人区の勝敗によって参院選の勝敗が左右される、その可能性がさらに高まったわけです。

議席を分け合ってきた宮城、新潟、長野は与党の総取り

もともと一人区は自民党が強いとされてきたが、今回の定数是正はさらに**自民（与党）に有利に働く可能性が高い。**

前回の参院選では、鳥取、島根、徳島、高知の4選挙区とも自民が勝っており、この点では、合区によるダメージは与党の方が大きいと言える。しかし、前回までは与野党で議席を分け合ってきた宮城、新潟、長野の3選挙区については、今回、いずれも自民（与党）候補が優勢と見られ、総取りできる可能性もある。やはり、一人区全体では、今のところ与党に風が吹いていると言えるのではないか。

また、共産党を含む野党共闘が実現し、共産党が一人区での候補者を取り下げ、野党統一候補を擁立できたとしても、結果が変わるのは、**せいぜい1～2選挙区**ではないかと私は見ている。

理由の一つとして、2015年11月の大阪府知事・市長のダブル選挙における、おおさか維新の会の圧勝が挙げられる。直前におこなわれた、おおさか維新の会が提唱

する「大阪都構想」の是非を問う住民投票は、僅差とはいえ、否決された。にもかかわらず、あれだけの大差で勝利できたのは、自民・公明の推薦候補を共産党が公然と応援したことにより、**保守層が離反した**ことが大きな原因であると考えられる。

共産党が候補者を取り下げることによって組織票、左派票がまとまる一方、共産党がつくことによって離れる中道や無党派層の票も相当数あると考えられ、民主党の岡田克也代表は難しい判断を迫られている。

最近の発言を聞くと、選挙協力には以前とくらべだいぶ逃げ腰になっているように見える。表だっての選挙協力はせずに、共産党による自発的取り下げを願っているといったところか。

注目の9選挙区で野党は精一杯がんばって5勝4敗

注目されている一人区は、**岩手、宮城、福島、長野、三重、滋賀、奈良、大分、沖縄の9選挙区**。注目されているというのは、**与野党が接戦である**ということであり、見方を変えれば、それ以外の選挙区は大勢が決しているということになる。

岩手、三重、滋賀、奈良、大分は野党現職に与党新人が挑む構図、宮城と長野は前回までは定数2で与野党が議席を分け合っていたが、今回から一人区となり激戦が予想される。

私の予測では、宮城、福島、長野は与党が、岩手、滋賀、大分、沖縄は野党が取り、三重と奈良は横一線。野党は精一杯がんばっても5勝4敗というところか。

それ以外の一人区はすべて自民が取る可能性が高く、自民（与党）の27勝5敗。複数人区も含め、選挙区全体では、73議席中42議席程度を獲得すると予測する。

それにしても、野党第一党の執行部は政権時の顔ぶれとほとんど変わらず新鮮味がない。

それ以外の野党を見回しても、選挙の顔となる人物がまったく思い当たらないのだ。7月までに救世主が現れるとも思えず、野党には厳しい次頁の数字を予測した。

それでは、ここで本稿「民主党のまま」の場合の結論を述べたい。２０１６年夏の参院選、選挙区と比例区を合計した各党の獲得議席の超予測は、左のとおりである。

◎与党
自民59、公明14、おおさか維新の会6　総計79
（日本のこころを大切にする党、新党改革は獲得予測議席０）

○野党
民主23、共産12、生活2、社民1、維新1　総計39

●無所属　総計3

非改選と合わせると、ほんのわずかとはいえ、与党（おおさか維新の会を含む）の議席が**3分の2を超える数字と**なった。

与党の圧勝で、憲法改正発議の準備は整うであろう。

民進党が誕生した今、最新の予測をする

２０１６年の2月末から4月上旬、このわずか一ヶ月半ほどの間に、政界では新党の結成に加えて、有権者に呆れられるような数々のスキャンダルが明るみになった。日々刻々、政界の状況があまりにも激しく変化するので、それらを踏まえ、「民進党誕生後」の参院選の最新動向を確認しよう。

与党側では、宮崎謙介衆議院議員の不倫騒動による議員辞職に続き、石崎徹衆議院議員の女性秘書へのセクハラ疑惑、参院選に自民党からの立候補が取り沙汰されていた乙武洋匡氏の不倫発覚による出馬断念。その他にも、党所属議員による不適切発言など、安倍政権にとって選挙で不利になるような話題には事欠かないほどであった。

一方、野党側における最大のニュースは3月27日に民主党と維新の党が合併し、衆参議員合わせて１５６名の民進党が誕生したことだろう。

巨大与党であるが故の驕りや気の緩みとしか思えないスキャンダルがこれだけ露呈すれば、野党側にとっては千載一遇のチャンスである。このタイミングでの野党第一

党と第三党の合併は国民からの大きな期待をもって迎えられてもいいはずなのだが、さてどうであろうか。

通常、新党結党直後の世論調査では、ご祝儀相場と言って、かなり高めの支持率が出るものだ。しかしながら、**今回まったくそうはなっていない**。民進党結党直後の各社世論調査では、政党支持率が約８％で自民党の４分の１以下、民進党に期待すると答えた人も約23％と、おおよそ国民から期待されているとは思えない状況だ（業界内では４人に１人が、この党に期待していることの方が驚きだという声もあるが）。

それもそのはず、この低支持率の原因は、維新の党から民進党に合流した議員の多くがもともと民主党出身であり、党名が変わっただけで中身がほとんど変わっていないことを有権者に見透かされているからにほかならない。

時をほぼ同じくして、子どもが保育園に入園できなかった母親による、「保育園落ちた　日本死ね！」という匿名ブログを取り上げ、待機児童問題で舌鋒鋭く総理を追及し、一気に名を上げたのが民進党衆議院議員、山尾志桜里氏である。その山尾氏は民進党結党にあたり、当選２回ながら、なんと党政調会長に大抜擢された。民進党としては、新党のジャンヌ・ダルクのごとく、きたる選挙の切り札として山尾氏を前面に押し出して戦うという思惑だったのであろう。

しかし、その山尾氏も結党4日後に発売された週刊誌で、政治資金規正法に定められた限度額を超える寄附や地球5周分を走れるほどのガソリン代を政治資金収支報告書に計上しているという疑惑を報じられ、早速、窮地に追い込まれている。それほど大きな問題ではないという見方があるものの、しばらくの間、突つかれることは間違いないだろう。

そして、5月下旬の伊勢志摩サミット後に、安倍総理が消費税増税の凍結を表明した上で、6月1日に衆議院を解散し、7月に衆参同日選挙がおこなわれるということが、もはや既定路線かのような報道がされている。

私も衆参同日選挙の可能性は2月中旬とくらべて、相当に高まったと感じている。理由は次のとおりである。

①これだけスキャンダルがあっても支持率がほとんど変わらない、②野党側に新党が結成されても期待感がほとんどない、③同日選によって野党共闘にくさびを打てる

（参院選の一人区で野党統一候補が擁立できたとしても、衆院選では選挙制度の違いもあり、統一候補は擁立しづらい。同日選の場合、野党同士の協力と競合が混在し、まとまった行動がとりづらくなるため）、④相乗効果により、参議院で議席の上積みができる可能性が高まる、⑤今後、世界経済がさらに不安定になった場合、解散どころではなくなる。

そしてなにより、⑥選挙に勝ち続けることで、自民党総裁としての安倍総理の党内での立場は一層強固なものになるからだ。

これだけの要素があれば、総理が同日選に打って出ると、議員をはじめとした政界関係者やマスコミが考えるのは当然のこととも言える。

ただ、私は56頁で述べたように、「総理が同日選をやることで、参院選に勝てると判断しない限り、解散はしない」という考えに変わりはない。繰り返しになるが、本稿における「勝つ」とは、今回の参院選で自民・公明に、おおさか維新の会をはじめとした改憲に前向きな野党を加え、**78議席以上を取る**ということだ。これはもちろん、衆議院で3分の2以上の議席が保持できることが前提ではあるが。

総理が衆院解散を断行するか否かの判断は、4月24日におこなわれる北海道5区の補欠選挙の結果にもよるであろう。

当初は、町村信孝前衆議院議長の後継である自民候補が優位だったが、共産党が候補者を取り下げたこともあり、野党統一候補に追い上げられている。

北海道は元々革新が強い地域とはいえ、万が一、自民候補が負けるようなことがあれば、はたして総理は衆議院の解散カードを切ることができるだろうか。

2月中旬から一ヶ月半を経た政界状況を踏まえ、改めて7月におこなわれる参院選の各党獲得議席数を予測する。

◎与党
自民58、公明14、おおさか維新の会6　総計78
（日本のこころを大切にする党、新党改革は獲得予測議席0）

○野党
民進27、共産11、生活2、社民1　総計41

●無所属　総計2

（注）日本を元気にする会については、代表である松田公太氏が東京選挙区で当選する可能性はあるものの、安倍政権が進める憲法改正にどういうスタンスをとるのかが判然としないため、与野党どちらの勢力にも入れていない。

自民党がさらに失態を繰り返せば、民進党現職に自民新人が挑む一人区のうちいくつかでは、ギリギリで現職が議席を守るかもしれないが、全体で見れば今後、野党に風が吹くとも思えない。

結果、「民進党誕生前」の予測とほとんど変わらない数字と相成った。

第2章

地方選挙の正体

13

市町村議選の候補者がほとんど無所属なのはリスク回避のため

なぜ地方の小さい自治体では、ほとんどの候補者が無所属で立候補するのでしょう。結論から先に言います。**政党の公認や推薦に頼っても選挙に勝てないからです。**

第1章で、現在の小選挙区制における衆議院議員選挙では、政党の公認争いに勝たないと立候補できませんとお話ししました。加えて言えば、東京都議会議員選挙や政令市の市議会議員選挙なども、候補者個人よりも政党選挙の側面が強いことは間違いありません。

しかしながら、ほとんどの市区町村議会議員選挙においては、**有権者は政党名よりも候補者個人で選ぶ**傾向があります。東京23区の区議会議員選挙も各党の公認候補が複数いるので、政党名だけに頼るようでは勝利はおぼつかない。区議会議員選挙における党の公認は、どちらかというと、有権者から信用を得るための担保的な意味合いが強いと思います。

地方の小さい自治体の選挙では、候補者が親戚縁者かどうか、頼み事をきいてくれたかどうかという**政治家本来の能力とは関係のない理由で投票する人物を決める**傾向があります（もちろん、候補者の政治家としての実績や将来性を見極めて投票している方も大勢いるとは思いますが）。

このような候補者個人とのつながりが投票の基準になる選挙では、政党の公認を受けるメリットがほとんどありません。

むしろ、政党の公認候補になると、「人物としてはいいんだけど、所属している政党が好きではない」から投票しないというリスクを負う可能性があります。ですから、市町村議会のような、**地方の小さい自治体の選挙候補者はほとんど無所属で立候補するの**です（次頁参照）。

候補者がほとんど「無所属」！
2013年７月、壱岐市議会議員選挙の結果

結果	得票数	名前	年齢	性別	党派・会派	現・新
当選	1,555	赤木貴尚	43	男	**無所属**	新
当選	1,340	豊坂敏文	65	男	**無所属**	現
当選	1,175	市山繁	78	男	**無所属**	現
当選	1,122	土谷勇二	55	男	**無所属**	新
当選	1,110	牧永護	66	男	**無所属**	現
当選	1,094	今西菊乃	61	女	**無所属**	現
当選	1,091	鵜瀬和博	44	男	**無所属**	現
当選	1,000	呼子好	66	男	**無所属**	現
当選	993	深見義輝	53	男	**無所属**	現
当選	980	中田恭一	52	男	**無所属**	現
当選	969	小金丸益明	52	男	**無所属**	現
当選	880	田原輝男	63	男	**無所属**	現
当選	876	音嶋正吾	57	男	**無所属**	現
当選	851	町田正一	60	男	**無所属**	現
当選	827	市山和幸	63	男	公明党	現
当選	795	久間進	63	男	**無所属**	現
	742	町田光浩	50	男	**無所属**	現
	715	榊原伸	61	男	**無所属**	現
	586	久保田恒憲	62	男	**無所属**	現
	443	中山忠治	65	男	**無所属**	新

（注）年齢は2013年7月21日時点

14

東京都議選で「無所属」候補が勝った例はほとんどない

前項で、政令市を除く市区町村議会議員選挙のような人物本位の選挙では、政党の公認候補になると、かえって不利になる（人物はいいけど、その人が所属する政党は嫌いという場合がある）というお話をしましたが、**逆に東京都議会議員選挙においては、無所属で立候補しても勝算はほとんどありません。**

東京都議会議員選挙は地方選挙なので、市区町村議会の選挙と比較することにより互いの特徴が浮き彫りになるので、ここで取り上げたいと思います。

東京都議会の定数は１２７です。しかし、直近の２０１３年の選挙では無所属で勝利した候補はたったの一人、09年の選挙でも二人しか当選できませんでした。

しかも、13年に無所属で勝利した候補は、過去3回の選挙では民主党公認でいずれもトップ当選した人物で、党の内紛により無所属での出馬となっただけで知名度は抜群でした。

無所属で勝てない理由は簡単です。**東京都民にとって最もなじみが薄いのが、東京都議会議員**だからです。

外交、安全保障、農政、年金から経済、財政政策までこの国の在り方を決めるのが国会議員であり、テレビや新聞などマスコミに登場するのもほぼ国会議員だけです。衆議院や参議院の選挙は他の選挙とくらべて高投票率で、それだけ有権者の関心も高いということです。在住地域の国会議員と直接会ったことはなくても、テレビで見たことがあったり、あるいは街中のポスターも圧倒的に多いので、ほとんどの人が顔と名前を知っています。

区議会議員や市議会議員は、公立の保育園や小中学校、ゴミの問題、自転車置き場など地域の身近な問題に携わります。**地域のことで困ったことがあれば、まず区議会議員や市議会議員に相談**します。在住地域の区議会議員や市議会議員をすべて知っている方はいないでしょうが、一人、二人なら知っているという方も多いはずです。

一方、在住地域の都議会議員の名前と顔がしっかりと一致するという方が、どれだけいるでしょうか。ほとんどの方は、都議会議員がいったいどんな仕事をしているのかさえ知らないと思います。

ですから、都議会議員の選挙は投票率も低く（２０１３年は約43％。ちなみに、同年におこなわれた参院選は約53％、前年の衆院選は約59％、２０１５年の島根県議選は約61％です）、それが都議会議員（候補）の知名度の低さにつながっていると思います。

結果、**都議会議員選挙は完全な政党選挙になってしまうのです**。つまり、時の風で結果が決まりやすいということになります。選挙の時に支持率が高い政党の候補が圧倒的に有利であり、知名度のない無所属候補が早くから準備を始め活動しても、到底当選ラインには到達しないのです。

もっと知りたい選挙の世界

都議会議員の仕事と報酬

東京都の予算規模は約14兆円。スウェーデンの国家予算に匹敵するほどの莫大な金額です。最近では、2020年の東京オリンピック招致という華やかな活動がありましたが、それ以外では、中央卸売市場の移転や外環道の整備など重要ではあるものの、ほとんどの都民にとって日常に直接関わるものは少ないと言えます。

一方で東京都議会議員の報酬はべらぼうに高く、国会議員以上の厚遇だと批判されています。たとえば、月額報酬が102万円、期末手当が436万円となっており、これだけで年収1700万円。加えて政務活動費（地方議員が政策調査研究などの活動のために支給される費用、国会議員にはない）が上限720万円まで支給されます。さらに、これが一番の問題なのですが、費用弁償という制度があり、議会に行けば1日1万〜1万2000円が交通費代わりに別途支払われることになっています（ちなみに東京都議会は年間40日程度しか開かれない）。

すべて合わせると2300万〜2400万円となり、国会議員の歳費（国会議員の報酬を歳費といい、それ以外の地方議員の報酬は議員報酬という）とほとんど変わらない金額となっているのです。

ちなみに、著者は都議会議員選挙に立候補した際、議員定数の削減、費用弁償の廃止を含めた議員報酬の削減を訴え続けましたが、あえなく落選という結果でした。

時の風

2013年の都議選は、自民党にとって、どうしても負けられない戦いとなりました。なぜなら、前回09年選挙で40年ぶりに都議会第一党の座を奪われ、首都東京での影響力を大きく後退させていたからです。

この選挙で、自民党は前年に国政で政権を奪還した勢いそのままに、擁立した59人全員が当選し、第一党に返り咲きました。また、国政で連立を組む公明党も候補者23人全員が当選を果たしました。

一方、前回2009年選挙で54議席を獲得し、第一党となった民主党は、わずか15議席しか取れず惨敗し、公明、共産をも下回る第四党となりました。

また、第三極として注目され、前年衆院選で初めて国政に進出した日本維新の会（当時）は、東京での足場を築くべく34人もの候補者を擁立しましたが、選挙直前に橋下徹代表が「慰安婦は必要だった」という趣旨の発言をし、女性に敬遠された結果、わずか2議席しか獲得できませんでした。

15
地方の小さな集落では一晩でゴソッと相手陣営に票が流れることがある

地方で選挙していると、驚くようなことがたくさんあります。**小さな集落で明らかに優位な情勢が、一晩でひっくり返されたりすることがある**のです。電話した時の反応が明らかに違ったり、訪ねてみると露骨な居留守をされたりして判明します。こういう場合は金銭のバラマキや締め付け（たとえば、公民館の建て替えに予算をつけない）などがおこなわれた可能性が高いのです。

かつては、**鹿児島県の徳之島**（徳洲会事件で有名になった自由連合代表、徳田虎雄元衆議院議員の地元）や**長崎県の対馬**（特に旧上県町）、**千葉県の内房**（木更津周辺）などは「**金と票が一晩で動く**」とよく耳にしました。

政治と金にまつわる有権者の目が一段と厳しくなった昨今、露骨なバラマキや締め付けはだいぶ減ったと言われていますが、完全になくなったわけではないのかもしれません。

もっと知りたい選挙の世界

徳洲会事件

2012年の衆院選において、鹿児島2区より自民党公認で立候補した徳田毅元衆議院議員（徳洲会グループ総帥で元衆議院議員、徳田虎雄氏の次男）の陣営による公職選挙法違反事件。

本来、ボランティアでおこなわれるべき選挙運動に、徳洲会グループの職員が大量に派遣され、勤務先の病院などから給与や交通費が支払われていました。東京地検特捜部は内偵捜査を進め、これを病院組織を利用した組織的犯行と判断し、徳洲会グループ各所への強制捜査をおこなったのです。

そして、総帥である徳田虎雄氏の親族らを含めた徳洲会グループ幹部10人が公職選挙法違反で起訴されました。その後、10人全員の有罪が確定し（逮捕された自民党奄美事務所事務局長は不起訴処分）、親族らはグループの要職から退くことになりました。徳田虎雄氏は筋萎縮性側索硬化症（ＡＬＳ）を患っており、会話することもままならず、公判に耐えられる体ではないとして起訴猶予処分となりました。徳田父子が地盤とする徳之島は中選挙区時代には、奄美群島特別区と呼ばれ全国で唯一、定数１の小選挙区で争われた地域でした（１９５３年に米軍占領下から本土復帰を果たしたことによる）。

１９７２年から衆議院議員選挙で当選を重ね、この選挙区を地盤とする保岡興治氏に徳田虎雄氏が初めて挑んだのは、83年のこと。それ以降、94年に小選挙区比例代表並立制が導入されるまでの二人の戦いは保徳戦争と呼ばれ、候補者の尾行や選挙事務所の見張り小屋設置、脅迫、買収、選挙賭博、替え玉投票と、ありとあらゆる違法行為が繰り返され、逮捕者も続出しました。

今回の事件が明るみに出たのは、元事務総長と創業家一族による内紛が原因です。内紛により徳洲会グループを追われるかたちになった元事務総長が選挙違反の証拠を提供したことにより、東京地検特捜部が内偵捜査を進めることになったことは間違いありません。

やはり、長年仕えてきた参謀というのは、陰の部分も含めてありとあらゆる情報を握っているものです。そういう人物を切る際には、よほど用心しなければ、どんな火の粉が降りかかるかわからないということを、私は改めてこの事件から学びました。

16

地方には選挙を「第二の公共事業だ」と思っている人が多い

普段は静かな地方でも、選挙となると人が動きます。人が動けば、当然金も動くわけで、経済的に疲弊した地方（地域）にとっては、**一時的であれ選挙で景気が良くなる**のです。ホテルも（＝選挙の応援で人が続々と全国から集まるので、宿泊施設は儲かる）、スーパーなどの小売店も（＝選挙スタッフの弁当や飲み物、文具や工具、電化製品などありとあらゆる物を買うので儲かる）、印刷屋も（＝名刺やチラシ、リーフレットなど選挙では刷り物を多く使うので儲かる）、景気が良くなるのです。

これが、選挙が第二の公共事業だと言われる所以《ゆえん》です。

ただ、意外に思われるかもしれませんが、最近では**選挙が近づくと飲食店は客が減**

るようです。最もわかりやすく簡単な買収は、「飯食わせたんだから、協力しろ！」というやつです。警察がこれに対して目を光らせており、買収とは無関係であっても、あらぬ誤解を招かないために外食を控える傾向があるようです。

17 どこの選挙事務所にも顔を出し、おやつだけを狙う輩がいる

地方では選挙になると、**毎日のように事務所に顔を出す輩**が現れます。

候補者とつながりがあるわけでもなく、政治に対する思いがあるようにも見えません。昼前にひょっこり現れて、事務所のまかないを食べ、スタッフに話しかけたり、他陣営の噂話をしたりしながら油を売って帰ります。

こういう人はたいてい、おやつの時間や夕食の時間には、それぞれ別の事務所にいます。つまり、**ただおやつ、ただ飯狙い**というわけです。

ですから、こういう人物に重要な話を聞かれてしまうと、街宣車のルートや応援弁士がいつどこに来るのか、陣営がどこの地域に重点を置いて選挙戦略を立てているのかなど、秘匿にされるべき情報が他陣営に筒抜けになってしまいます。

「追い払えばいいじゃないか」と言われそうですが、こういう方でも立派な有権者です。貴重な一票を持っていますし、変な噂でも立てられたら敵陣営に利用されかねません。

「**どんな方であっても丁寧に接する**」

これは選挙の鉄則です。

18

地方選では街宣車の後ろに車を何台つけるかで見栄を張りあう

都市部は道も狭いですし、逆に偉そうだと思われるので誰もしませんが、地方に行くと候補者の乗った街宣車に、**先導車に加えて後続車を何台もつけます。**

その方が箔がついて、**強い候補者に見える**という考えです。

私が携わった長崎県のはずれにある市の選挙で、街宣車に先導車三台と後続車七台をつけるという話になったので、私が、

「そんなことに人員を割くぐらいなら、他のことをしてもらったほうがいい」

と意見したところ、

「ここにはここのやり方があるったい！」

と一蹴された経験があります。
選挙はその土地柄によって、スタイルが大きく違うものです。

19 選挙カーの運転手には元ワルが多い

選挙カーの運転手を選ぶ際に重要なのは、運転が上手いことと、**選挙区内の道に詳しい**というのが条件になります。都内の選挙区などは、道が狭い上に複雑なので、この条件に合致した人物にしか運転手が務まりません。

また、サラリーマンが選挙期間中ずっと休みを取って運転手をすることは現実的ではないので、**必然的に、時間に融通が利く自営業者か定職についていない人**ということになります。

これはあくまで主観ですが、いわゆる元ワルの方々は、サラリーマンになるよりも、家業を継いだり、自分で商売を始めたりする場合が多いように思います。しかも、だいたい車好きのような気がします。

考えてみれば、元暴走族とか元走り屋とかいわれる人に運転が下手な人はいないでしょうし、道をあまり知らないなんてこともあるはずがありません。

そして、こういう方々はたいてい顔が広く、地元が大好きで、更生してからは地域コミュニティーに入り込んでいる場合が多いもの。有権者の中には、

「候補者のことはよく知らないけど、○○くんは更生して立派になって、△△候補の応援を一生懸命してるみたいだから、△△候補に投票するか」

という具合になる人もいて、候補者にとってはまさに一石二鳥だったりするのです。

20 公明党の当選率がなんと99・7%！だったこともある

2015年におこなわれた統一自治体選挙において、公明党は4月12日の前半戦（道府県・政令市）では**345人が立候補し344人が当選**しました（落選した方はさぞや悔しかったことでしょう）。また4月26日の後半戦（一般市・町村・東京特別区）では**1248人（推薦1人含む）が立候補し1245人が当選**しました。

つまり、この統一自治体選挙全体での**当選率はなんと99・7%！**

こんなことは他の政党には絶対に真似できません。言うまでもありませんが、**創価学会という超強力な宗教団体がバックにいてこそ**なし得る業です。

もちろん、自民党にも民主党にも共産党にも支援団体はあります。しかしながら、候補者の99％を当選させる、しかも、「ほぼ同等の票数」で当選させることのできるほど統率のとれた、強力な支援団体を持つのは公明党だけなのです。

もっと知りたい選挙の世界

統一自治体選挙（統一地方選挙）

統一自治体選挙（通称、統一地方選挙）とは、4年に一度、地方公共団体における選挙日程を全国的に統一して実施されるものです。

本来、地方自治体の首長および議会の選挙日程は、それぞれの都合で決めることが可能となっています。しかし、まとめて実施することによって、選挙事務の負担を軽減したり、地方選挙に対する有権者の関心を高めたりできるメリットがあります。

都道府県知事、市区町村長および地方議会の議員の任期はすべて4年です。そのため、首長の任期途中での辞任や議会の解散などの特別な事情がなければ、文字どおり全国一斉の選挙となるはずなのですが、現実はそうはなっておらず、全体の3分の1程度の自治体でしか実施されていません。

つまり、統一地方選挙とは別の時期に選挙をしている自治体では、これらの特別な事情が過去にあったということなのです。

21

公明党の「死に票」が少ないのは創価学会の強靭な組織力のせい

例を挙げると、2015年4月におこなわれた和歌山県議会議員選挙（和歌山市選挙区）においては、**定数15に対し公明党は公認候補3人を擁立**しました。**結果は得票順1～3位までがこの3人**となり、得票数は、それぞれ9371票、9365票、8821票でした。**1位と2位の差がわずか6票、2位と3位の差も500票ほど**しかありません。

一方、共産党は2人を擁立しましたが、4位と17位（最下位）で、結果として1人しか議会に送り込むことができませんでした。

また、同時期におこなわれた東京都練馬区議会議員選挙においては、**定数50に対し**

12人の公認候補を擁立し、**12人全員が当選**しました。これはこれですごいことなのですが、**本当にすごいのは、当選者の順位**です。

21位、23位、24位、30位、31位、32位、33位、36位、37位、38位、43位、46位となっています。98頁の表を見ればわかるとおり、他の政党は当選順上位、中位、下位そして落選者と点在しているのに対し、**公明党は全員当選した上に、順位が中位にかたまっています。**

先ほど述べたように、ほとんどの政党には支援団体があり、1人でも多くの当選者を出そうと、選挙区内の活動地域を割り振ったり、劣勢が伝えられる候補者のところへ重点的にヒト・モノ・カネを投入したりするものです。

にもかかわらず、1人の候補者が票を取りすぎた結果、何人も落選者を出してしまったりするのが常なのです。

ましてや、無党派層と言われる有権者が40%を超え、かつてのように各種団体や労働組合の組織力が低下しているなか、公明党の支持母体である創価学会の組織力は異彩を放っていると言っても過言ではないでしょう。

日本の有権者数は現在約1億人です。そのうち公明党の基礎票は800万票と言われており、全体の8％にすぎません。しかしながら、地方議会における公明党議員の占有率は、それをはるかに上回ります。

これは、**公明党の「死に票」がいかに少ないかということの証左**にほかならないのです。

もっと知りたい選挙の世界

ヒト・モノ・カネ

この言葉は経営の三要素と言われ、企業の経営者の方々が好んで使う言葉ですが、政治家を含め選挙に関わる人たちも実によく使います。

この三要素のバランスがとれていないと、事業の成功は危ぶまれるといったふうに使われますが、まさに選挙も同じです。

この三つがそろわなければ選挙に勝てないとまでは言いませんが、なければ、かなり厳しい選挙戦が待っていることは間違いありません。しかし、このうちの一つでも持っていれば、残りの二つは後からついてくることが多いのです。

2015年、練馬区議選の得票一覧

得票順	当選	候補者氏名	党派名	得票数
36	当選	吉田　ゆりこ	**公明党**	3,278
37	当選	内田　ひろのり	**公明党**	3,269
38	当選	宮原　よしひこ	**公明党**	3,250
39	当選	かわすみ　雅彦	自由民主党	3,249
40	当選	西山　きよたか	自由民主党	3,103.657
41	当選	村上　えつえ	自由民主党	3,102
42	当選	山田　かずよし	維新の党	3,055.074
43	当選	斉藤　しずお	**公明党**	3,007
44	当選	ふくざわ　剛	自由民主党	2,999
45	当選	笠原　こうぞう	自由民主党	2,991
46	当選	宮崎　はるお	**公明党**	2,988
47	当選	岩瀬　たけし	市民の声ねりま	2,968
48	当選	むらまつ　一希	自由民主党	2,889
49	当選	坂尻　まさゆき	日本共産党	2,800
50	当選	浅沼　敏幸	無所属	2,781
51		中川　たつや	社会民主党	2,356.396
52		おのづか　栄作	自由民主党	2,355
53		沢村　信太郎	維新の党	2,345
54		佐藤　さとる	民主党	2,224.412
55		西山　かずひろ	民主党	1,915.342
56		長谷川　たかお	自由民主党	1,754
57		石山　はじめ	無所属	1,253
58		しもだ　玲	無所属	1,220
59		わたなべ　健	無所属	1,180
60		門脇　みつる	無所属	1,112
61		山田　なおたか	無所属	1,106.925
62		佐藤　つかさ	維新の党	1,063.587
63		村井　ともみつ	無所属	1,013
64		松村　良一	無所属	958
65		生田　大五郎	無所属	725
66		奥山　ひろし	日本を元気にする会	577
67		くりかた　俊介	無所属	551
68		かんだ　としあき	無所属	537
69		渋谷　誠	環境党	212
70		小久保　敬史	無所属	94

(注)定数50。立候補者70人。小数点以下は按分方式が採用されたため(100頁参照)

創価学会のすごさがわかる！

得票順	当選	候補者氏名	党派名	得票数
1	当選	藤井　とものり	無所属	10,326.490
2	当選	かとうぎ　桜子	無所属	7,065
3	当選	小川　けいこ	自由民主党	6,686.352
4	当選	とや　英津子	日本共産党	6,549
5	当選	米沢　ちひろ	日本共産党	6,218
6	当選	高松　さとし	自由民主党	5,959
7	当選	池尻　成二	市民の声ねりま	5,836
8	当選	ふじい　たかし	自由民主党	5,583.509
9	当選	おじま　紘平	自由民主党	5,432
10	当選	石黒　たつお	民主党	5,340
11	当選	田中　よしゆき	自由民主党	5,318.419
12	当選	倉田　れいか	無所属	5,238
13	当選	かしわざき　強	自由民主党	5,068
14	当選	上野　ひろみ	自由民主党	5,055
15	当選	橋本　けいこ	練馬・生活者ネットワーク	4,990.502
16	当選	やない　克子	練馬・生活者ネットワーク	4,946
17	当選	土屋　としひろ	オンブズマン練馬	4,922
18	当選	島田　拓	日本共産党	4,703
19	当選	白石　けい子	民主党	4,645.468
20	当選	小泉　じゅんじ	自由民主党	4,463
21	当選	さかい　妙子	**公明党**	4,323
22	当選	有馬　豊	日本共産党	4,077
23	当選	平野　まさひろ	**公明党**	3,780
24	当選	小川　こうじ	**公明党**	3,673.319
25	当選	やくし　辰哉	日本共産党	3,590.603
26	当選	関口　かずお	自由民主党	3,569
27	当選	かしま　まさお	自由民主党	3,547
28	当選	きみがき　圭子	練馬・生活者ネットワーク	3,530.355
29	当選	田中　ひでかつ	自由民主党	3,525.580
30	当選	うすい　民男	**公明党**	3,495
31	当選	柳沢　よしみ	**公明党**	3,489
32	当選	みつなが　勉	**公明党**	3,414
33	当選	小林　みつぐ	自由民主党	3,355
33	当選	西野　こういち	**公明党**	3,355
35	当選	井上　勇一郎	民主党	3,349

22 敵陣営が「同姓同名」の候補者を当て馬として立てることもある

その地域に多い姓というのが、かならずあります。ですから、市町村議会議員の選挙では**同姓の候補者が複数名立候補していることが多々あります。**

仮に山田という姓の候補者が同じ選挙に4人立候補していた場合、その候補者の票と認められるためには、当然、山田の姓だけではダメです。山田太郎という具合に、名前まで書かなくてはなりません。

この選挙において、投票用紙に山田という姓のみが書かれていた場合、どうなるのでしょうか。4人のうち、どの山田候補への票かわからないため、公選法第68条の2（同一氏名の候補者などに対する投票の効力）に基づいて、**按分《あんぶん》方式**で4人の山田候補に

０・25票ずつ与えられることになっています。

同姓同名の候補者が同一の選挙に立候補した例として、最も驚かされたのが、２００４年におこなわれた沖縄県の北中城《きたなかぐすく》村長選挙です。

現職の喜屋武《きゃん》馨《かおる》氏と新人で元村議会議長の喜屋武《きゃん》薫《かおる》氏が立候補しました。両陣営は混同を避けるため、それぞれ選挙ポスターに「キャン村長」、「ギチョ（議長の意味）カオル」と書いて選挙運動を展開しました。

その結果、２人のきゃんかおる氏は敗れ、もう１人の候補者である新垣邦男氏が当選しました。新垣氏４４０８票、喜屋武馨氏１９１３票、喜屋武薫氏１１７３票。２人の喜屋武氏の得票を足しても、新垣氏に遠く及ばない圧倒的な得票差を見ると、有権者が混乱して新垣氏に票が流れたというわけではないでしょうが、現職の喜屋武馨氏は「**有権者は戸惑っていた。納得がいかない**」と異議申し立ての構えを見せていたようです。

この他に、同姓同名の候補者が同一の選挙に立候補した例としては、２００９年に宮城県の登米《とめ》市議会議員選挙における佐藤勝氏（１人は当選し、１人は落選）など過去に数例あるようです。

もっと知りたい選挙の世界

続・同姓同名の立候補者

同一選挙ではありませんが、同姓同名の人物が立候補した事例をもう一つ挙げましょう。2013年の参議院比例区に「鈴木宗男」という人物が新党大地から立候補しました。この「鈴木宗男」氏は新党大地の代表であり、歌手の松山千春氏が敬愛する、かの有名な鈴木宗男氏ではありません。木工品製造業を営んでいた同姓同名のまったく別の人物です。

当時、鈴木宗男代表はあっせん収賄罪などの罪で公民権停止中の身であり、選挙に立候補することができなかったのです。そこで、自身の知名度を活かし、同姓同名の人物を立候補させるという奇策に出たと考えられます。鈴木宗男代表は、「政策や理念が一致した結果であり、同姓同名なのはたまたま」と述べたそうですが、その言葉を額面どおり受け取る有権者はほとんどいなかったのではないでしょうか。

有権者が、

「こんなあざといやり方は許されない!」

と考えたのかどうかはわかりませんが、「鈴木宗男」氏はあえなく落選しました。

特別コラム　忘れられない地方選挙！

二代続けて市長が狙撃された後、異常な状況下でおこなわれた2007年長崎市長選、衝撃の結末

2007年4月22日におこなわれた長崎市長選挙の投開票。結果は、以下のとおりだった。田上富久候補（新人）7万8066票、横尾誠候補（新人）7万7113票。953票の差をもって田上富久候補が新長崎市長に選出された。

有権者数が36万人を超える選挙で953票差というのは、まれに見る激戦と言っていい。ただ、私がこの戦いを最も印象に残る選挙としてこれから話すのは、結果が僅差だったからではない。この戦いはあらゆる意味で特殊であり、そして、私にとってまったく予想外の結果となったからだ。

現職の市長が選挙中に拳銃で撃たれ亡くなる

一言で言えば、「何の面白みもない選挙」。選挙戦が始まってから3日目までは誰もがそう思っていたに違いない。現職の市長、伊藤一長氏の有力な対抗馬はおらず、4選が確実視されていた。

だがこの選挙戦は、選挙が始まって3日目の4月17日の夕刻、突如として、状況が一変する。現職の市長で4期目を目指し立候補していた伊藤一長氏が背後から拳銃で二発撃たれ、18日未明に亡くなるという前代未聞の事態となったのだ。

長崎市選挙管理委員会は公職選挙法86条4の規定に基づき、候補者死亡による補充立候補を受け付けることになり、すでに立候補していた3名のほかに、西日本新聞記者で伊藤市長の事実上の後継候補である横尾誠氏と長崎市統計課長の田上富久氏が立候補を届け出て、5人による争いとなった。

ちなみに、田上氏の届け出が完了したのは、19日17時の受付締め切りの直前。これは、立候補に必要な戸籍謄本を、親族が五島市（五島列島にあり、長崎市からは船でしか行けない）まで取りに行っていたためである。

新たに立候補した二人と下馬評

横尾誠

１９６７年、大阪府東大阪市出身の40歳（当時）、同志社大学経済学部を卒業後、西日本新聞社に入社。最初の赴任地は長崎総局、選挙当時は東京支社に勤務。

田上富久

１９５６年、長崎県五島市出身の50歳（当時）、九州大学法学部を卒業後、長崎市役所に入庁。広報担当、観光部観光振興課主幹。選挙当時は企画部統計課長。

候補者が出そろったのは、４月19日。投開票日は22日という、このわずか３日間（投票日に選挙運動はできない。２１２頁参照）の超短期決戦は、撃たれた伊藤市長の搬送先である長崎大学病院で幕を開けた。

「心を鬼にして言いますが、後継候補をどうお考えですか」

後援会幹部が家族に尋ねた。

すると、その場にいた伊藤氏の娘婿である横尾氏が「私にやらせてください」と重い口を開いたという。

一方、同日夜、長崎市内の喫茶店では、自らが主催する街づくりサークルの仲間たちを前に田上氏が、「市長選に立候補したい」と決意表明、店内は一時騒然となったが、すぐさま選挙に向けての作戦会議の様相を呈することとなる（２００７年4月23日、朝日新聞）。

私はこの時、県内でおこなわれる別の選挙の選対責任者として長崎県内におり（当時、私は長崎県選出の国会議員の公設秘書をしていた）、ニュースで事件を知った。翌日、横尾氏と田上氏が立候補するという話を聞いた際には、横尾氏の勝利は間違いないだろうと直感的に思ったことをよく覚えている。

正直なところ、私は自分が関わっている選挙のことで手一杯で、長崎市長選挙がどのような結果になるかについて深く考えなかったこともあるが、私だけでなく、この時点では、周りにいた人たち（もちろん、選挙に精通している）の中にも横尾氏の勝利を疑った人は誰一人としていなかったのだ。

私は会合などで、伊藤市長とは何度も顔を会わせ、会話を交わしたこともある。非常に人当たりの良い人物であり、祝辞などの挨拶も抜群に上手く、人気があるのもよくわかった。また、横尾氏とも仕事上での接点があり、特に人当たりが良いというわけではないものの、決して印象の悪い人物ではなかった。

では、どうして、義理人情に左右されることの多い地方の選挙で、人気抜群だった現職市長が射殺され、その後継候補が敗れるという結果になったのか。それを考える前に、伊藤市長はなぜ銃撃されたのかについて、犯人の人物像や動機などに触れてみたい。

横尾氏への世襲批判や長崎県出身でないことの影響について

犯人は元暴力団幹部の城尾哲弥（犯行時59歳）。裁判で認定された殺害の動機は、「被告人は長崎市への不当な要求を繰り返していたが、市長の方針で不当要求に屈しない姿勢を取っていたため、取り合われずに市長への逆恨みを募らせていったこと。市長選への立候補を知り、殺害して当選を阻止し、恨みを晴らすとともに、大事件を起こすことで自らの力を誇示しようと考えたこと」などが挙げられている。

２００８年５月の一審では死刑判決となったが、09年９月の福岡高裁判決では無期懲役。12年１月16日、最高裁第三小法廷は、検察と被告の上告を棄却し、二審福岡高裁判決が確定した。

もちろん、選挙の時点では、有権者は市長射殺の動機などはまったくわかってはいない。しかし、城尾哲弥が市民の敵とも言える元暴力団幹部であることは、事件後すぐに噂になっていた。

また、それまでの伊藤市政は非常に安定しており、市民間の対立を生むようなイシュー（問題）もなく、住民との間で大きなトラブルが起こるようなこともなかった。これらを鑑《かんが》みれば、市民が犯人に対して同情の念を抱くはずもなく、理不尽にも凶弾に倒れた伊藤市長やその家族に対する憐憫《れんびん》の情が生まれたことは間違いない。長崎県民は情深い。私は長崎の出身ではないが、６年間、長崎県で生活し、選挙を通じて数多くの人と接してきた。だから、このことだけは確信をもって言えるのだ。

にもかかわらず、伊藤市長の娘婿である横尾氏は敗れた。敗因として、ほとんどのメディアは世襲批判と横尾氏が地元の出身でないことを挙げた。

たしかに、それは敗因の一つであったのかもしれない。実際、久間章生防衛相（当時）が「世襲はいかがなものか」と地元経済界に伝え（世襲だらけの国会議員がよく言ったものだと思うが）、長崎商工会議所の会員らでつくる政治団体は田上氏の支援を決めた。世襲に対する世間の目が、以前よりも厳しいものになっているのは事実である。実際、この時の出口調査では約4割が「世襲は避けるべきだ」と答えている。

では、どうしていまだに、これだけ世襲の政治家が多いのだろうか。どうして世襲四代目の小泉進次郎氏はあれほどの人気を誇っているのか。日本の有権者は、世襲は好ましくないと思いながらも、それを投票行動に直接結びつけない場合が多いということになる。

また、大阪府出身の横尾氏は長崎市民にとってはよそ者であり、五島市出身とはいえ長崎県生まれの田上氏の方に有利に働いたことは否めない。

ただ、長崎市は出島に代表されるように、古くから外国との玄関口となり、ヨーロッパ諸国の文化や宗教を受け入れ、影響を受けてきた町であり、地方都市の中では、よそ者に寛容なことでも知られている。

これらの事情をふまえると、横尾氏に対する世襲批判や長崎県出身でないことの影響はあったにせよ、限定的なものであったと考えざるを得ないのだ。

携帯電話は選挙に勝つための最強のツール

田上氏当選の裏には知事や国会議員ら県内実力者の陰が見え隠れしたと言われているが、私の経験から言うと、議員が自らの後援会を動かしたり、業界団体に働きかけるのには時間がかかる。わずか3日の選挙戦、上意下達で組織が動いたとは到底思えない。

ただ、業界団体や政治家からすれば、行政に関しては門外漢でどんな政策を実行するかわからない横尾氏よりも行政経験のある田上氏の方が与《くみ》しやすいという考えはあったのかもしれない。

田上氏の勝因を挙げるとすれば、「長崎さるく博」（広報・観光畑が長かった田上氏が提案者となり、2006年に開催された地方博覧会）やNPO活動を通じて知り合った人たちが、携帯電話を利用して、組織としてでなく、個別に田上氏を売り込んでいったことに尽きる。

携帯電話は選挙に勝つための最強のツールだ。たいがいの人は携帯電話に500人くらいのメモリーが入っているはずだ。

たとえば、30人の支援者が500人の有権者に電話やメールで呼びかければ、それだけで1万5000人につながる。その家族も含めれば、莫大な数である。全員が投票してくれないにしても、誰に投票しようか迷っている人やそもそも投票に行くつもりのなかった人が、友人や親族から頼まれれば、「○○が応援してるんだったら、△△に投票しようかな」という気持ちになってもおかしくない。

携帯番号やメールアドレスは、親密な関係において共有される。電話帳やあてにならない名簿を使って無差別に電話をかけるよりも、よっぽど効果的だと言える。田上陣営は、携帯電話をフル活用することによって、ムードに頼るだけでなく、確実な票を積み上げていったのだ。

このような仕打ちを受けては父が報われない

そして、田上氏は勝った。がしかし、私はやはり、この選挙は田上氏の勝利というよりも横尾氏（伊藤陣営）の敗北という印象が拭えないのだ。

「勝ちに不思議の勝ちあり、負けに不思議の負けなし」

江戸時代の大名であり、剣術の達人でもあった松浦静山の剣術書にあり、元楽天ゴールデンイーグルス監督の野村克也氏が好んで使う言葉だ。

私は選挙後、記者会見での横尾氏の妻、優子氏（伊藤市長の娘）の発言を聞き、この言葉を思い浮かべた。

「市民のみなさん、伊藤一長はその程度の存在でしたか。このような仕打ちを受けては父が報われない」

優子氏はそう言って、その場に泣き崩れた。

このような仕打ち？

それまでの事情はどうあれ、長崎市長選挙は正当な手続きを踏んでおこなわれた。

市民が自分の夫に投票しなかったことを「仕打ち」と表現したことが、この選挙の結果を物語っていた。

選挙後とはいえ、身内がこういう発言をするということ自体、横尾陣営は「同情してくれて当たり前、投票してくれて当たり前」という非常に傲慢な心持ちで選挙を戦っていたということになる。

しかも、選挙を戦ったのは伊藤市長ではなく横尾氏なのだ。弔《とむら》い合戦だと、いくらマスコミが騒ぎ立てても、これは長崎市45万人のトップを決める全市民のための選挙なのだ。その思いなくして、選挙に勝てるはずもない。

もちろん、私も優子氏には心から同情する。記者会見での姿は、最愛の父が暴漢による凶弾に倒れた上に、後継である夫が選挙で敗れるというダブルショックでもうろうとしており、見ていて気の毒なほどであった。

ただ、肉親の情と自治は別だ。

これまで3期連続で圧倒的な票差で当選し、12年間、市のトップに君臨したことで、親族にも無意識のうちに、市政を私物として見てしまう感覚が、たとえほんのわずかだとしても、なかったと言えるだろうか。有権者の目はそれほど甘くない。

この選挙、長崎市民は賢明な判断をしたと私は思っている。

田上氏は仕事はできるが、伊藤市政では干されていたとも聞く。とは言え、50歳の一課長が職を辞して、後継候補に立ち向かうのは相当な勇気がいることだ。

しかも、前市長は凶弾に倒れ、その前の市長も議会での自身の発言が原因で右翼に狙撃されている。原因はどうあれ、二代続けて、市長が狙撃された自治体などほかにはない。被爆地である長崎市は、非常にセンシティブな問題を抱えており、市長はまさに命がけの仕事と言える。市政に長年携わっていたからこそ余計に、長崎市長を務めるには相当な覚悟がいるということを、田上氏はよくわかっていたはずだ。

田上氏は無投票で三選し、現在も長崎市長を務める

本来、選挙というのは論戦を通じて、お互いの主張をぶつけ合い、どちらの政策が地域の未来にとって有益かを競うべきものである。それが、準備期間もなく、わずか3日の選挙戦という異常な状況下では、まともな政策論争などできるはずもなかった。

長崎市長選挙（2007年4月22日）の結果

当日有権者数：364,181 人　最終投票率：55.14%

候補者名	年齢	所属党派	新旧別	得票数	得票率
田上富久	50	無所属	新	78,066 票	42.1%
横尾誠	40	無所属	新	77,113 票	41.6%
山本誠一	71	日本共産党	新	19,189 票	10.4%
前川智子	59	無所属	新	8,321.648 票	4.5%
前川悦子	57	無所属	新	2,677.344 票	1.4%

（前川智子氏と悦子氏の得票数の小数点以下は同姓による按分票）

世襲批判か同情か、長崎生まれかそうではないか、それらの二者択一を迫られた有権者、長崎市民にとっては不幸な状況となってしまった。

また、この想定外の選挙は、公選法の不備をも浮き彫りにした。市長射殺事件前に期日前投票で「伊藤一長」と書いて投じた人の票は、すべて無効になってしまったことが、その最たるものだ。貴重な一票が無駄にならないように、再投票を認める法改正が必要だと考える。

無効票数は1万5435票で、投票総数20万803票の7・69％に及んだ。このうち「候補者でない者の氏名を記したもの」が7000票以上あり、「伊藤一長」に投じられていた票が少なからず含まれていたものとみられる。

仮に、再投票が認められていたとしても、この7000票すべてが横尾氏に入っていたはずはない。しかし、もしかしたら、結果は違うものになっていたかもしれない。田上富久氏は、2011年の市長選挙も、選挙上手と言われた伊藤一長氏がかつて得た14万票を凌ぐ過去最多となる15万票を獲得。危なげなく勝利し、2015年にいたっては、田上氏の他に立候補する者がおらず、無投票で三選し、現在も長崎市長を務めている。

第3章

選挙事務所の裏側

（注）選挙事務所という名称は選挙期間限定のもの。議員（あるいは候補者）が普段使用している事務所は後援会事務所と呼ばれる場合が多い。

23

後援会事務所は「冠婚葬祭」情報の入手にしのぎを削る

選挙は情報戦です。どれだけ多くの情報を持っているかが勝敗に直結します。中でも、**冠婚葬祭に関する情報は特に重要**です。親族が亡くなった際に、弔電が届くのと届かないのとでは、その議員に対する印象がまったく異なってきます。また、葬儀の際には、国会議員からの弔電はかならずと言っていいほど読まれます。大勢の方が参列している中、衆議院議員○○様と名前を読まれれば、親族だけでなく、他の参列者に対しても、「あの先生は礼節をわきまえている」「情深い」といった具合に、格好のPRとなるのですから。

地方に行けば行くほど、人と人とのつながりは密接です。通夜・葬儀・婚礼などの情報を得るために、各陣営はしのぎを削っていると言っても過言ではありません。新聞の地方版全紙をチェックするのは当然のこと、後援会のメンバーからの情報収集、町会の掲示板のチェックなど、あらゆるネットワークを張り巡らせています。

中でも、最も手っ取り早いのは、**地域の葬儀社から情報提供**をしてもらう方法です。しかし、個人情報保護の観点から、都市部の葬儀社ではまず教えてくれません。

地方だと教えてくれるところもありますが、そのためにもまず、葬儀社と親密な関係を築かなければなりません。また、公選法違反にならない範囲でのお礼（議員本人が盆暮れには必ず挨拶に行く。事務委託手数料といったかたちで金銭を支払うなど）は欠かせません。地方選出衆議院議員の多くは、得た情報を基に選挙区内で亡くなった方全員に弔電を出そうとします。ですから、**年間の弔電代だけで数百万円使うことも珍しくありません**。

また、議員本人が選挙区内の冠婚葬祭すべてに出席するわけにはいかないので、その場合は秘書が代理で出席します。冠婚葬祭の代理出席専門の秘書がいる事務所もあるほどです。

もっと知りたい選挙の世界

都市部の陣営はどうやって冠婚葬祭情報を得ているのか

地元の地方議員（都道府県議会議員や市区議会議員のこと）や後援会の人からの情報をあてにしています。彼らの方が、国会議員にくらべて活動範囲が狭い場合が多いので、有権者と濃密な関係を築いており、亡くなられた方の情報などを多く持っているためです。ただし、その情報量は限られていますが。

公選法違反にならない範囲でのお礼

「事務委託手数料といったかたちで金銭を支払う」とお話ししましたが、そうはいっても、毎日、「葬儀の情報をＦＡＸで送ってもらう」、あるいは「電話で聞く」といったことに対して、それほど大きい金額を支払うことはできません。せいぜい、年間３万～５万円といったところでしょうか。

基本的に、議員（あるいは議員になろうとする者）は商取引以外で有権者に金銭を支払うことを禁じられているので、ただひたすら頭を下げることしかできないのです。

24

議員が葬式に香典を持っていくのは違法だが現実は「してしまえ」状態

公職選挙法は本当に不思議な法律です。これとこれとこれはしてはいけませんというネガティブリストで書かれており、これとこれとこれをしていいですというポジティブリストではありません。ですから、各陣営は「してはいけません」とは書いていないものについては、「**してしまえ**」という発想で活動をおこないます。

さらに言えば、罰則規定がないものについては違法であっても、同様に「してしまえ」の発想です。

その最たる例が、冠婚葬祭のお祝いや香典です。

たとえば、議員が葬儀に香典を持っていくのは違法（公職選挙法179条・199

条の2）ですが、罰則規定はない（公職選挙法249条の2）ので**ほとんどの議員は香典を持っていきます**。

ただし、罰則規定がないのは、私費で支出した場合に限ります。公選法は政党支部や資金管理団体（○○○後援会などの名称が多い）が選挙区内で香典を出すことを禁止しており、もちろん罰則規定もあります（ちなみに、高木毅復興大臣はこの問題で野党の追及を受けています）。

また、議員本人以外、たとえば、**秘書や配偶者が香典を持っていくのは違法**であり、同様に罰則規定があります。結婚式についても、同様の規定がなされています。

極端な話ですが、選挙区内の冠婚葬祭を調べ上げ、議員自らが亡くなった方の家族や結婚された夫婦すべて（名前も顔も知らない方々も含めて）に、私費で香典やお祝いを持って回ったとしても、お咎めはありません。

ただ、実際にこれをやるとなると莫大な費用と労力が必要です。しかし、お金が山のようにあって、どんな方法を使ってでも当選したいと考える人にとっては最も単純で、手っ取り早い票集めと言えなくもありません。

「実態に合わせて法律を改正し、全面的に認めてしまえばいいじゃないか」と思われるかもしれませんが、そうするとお金を持っている人が有利になってしまいます。

逆に罰則規定を設け徹底的に取り締まるのも、社会常識に照らすといかがなものか（＝手ぶらで葬儀や結婚式に参列するのは非常識）となるでしょう。

というわけで、**グレーゾーン（罰則はないが違法）**に落ち着いているのが現状なのです。

もっと知りたい選挙の世界

共産党の候補者と香典や弔電

共産党所属の国会議員（もしくは、候補者になろうとする者）は、党所属の地方議員やその親族、後援会の幹部など、本当に近しい人以外に香典や弔電は出さないと聞いたことがあります。また、小選挙区で当選したいと本気で思っている人（共産党でも、そう思っている人はいるであろうが）以外は、莫大なお金や手間をかけてまで、選挙区内で亡くなった方全員に弔電を出そうとはしないでしょう。

25
男性の選挙ボランティアは「電話かけ」から逃げる

電話かけは最も重要な選挙運動の一つです。しかしながら、最も地味で人気のない作業です。一日に数百件電話して、ただひたすら呪文のように、同じお願いを繰り返すのですから、やりたがる人はほとんどいません。しかも、「応援してるから、がんばって！」なんていうねぎらいの言葉をいただけるのは極まれで、ほとんどの人は選挙のお願い電話だとわかった途端に、明らかに迷惑そうな態度になります。

こんなつらい作業ですが、電話かけの運動員にお金を払うことは許されません。**支払いが発覚すれば公選法違反（221条）の罪**に問われます。逮捕者が出ることもあり、連座制が適用され議員の職を失った人もいるのです。

よく「なんでもするから、言って」と選挙事務所に来る人がいますが、「じゃあ電話かけをお願いします」と言うと、黙ってフェードアウトしていく人が多いのです。**この傾向は男性に顕著です**。みなさんも選挙のお願い電話が男性からかかってきた経験は少ないのではないでしょうか。

電話かけのボランティアは本当に貴重です。大切にしなければなりません。

もっと知りたい選挙の世界

連座制

候補者の陣営の総括主宰者、出納責任者が選挙違反（買収や利害誘導）で有罪となった場合、悪質な選挙運動が広範におこなわれたと推測されます。そこで、候補者自身がその行為に関わっていなくとも、候補者本人に当選無効、立候補制限が科されます。1994年の公職選挙法改正で連座制が強化され、適用対象者が秘書や現場で指揮や監督をした「組織的運動管理者」にも広がりました。また、以前は当選無効だけでしたが、立候補が制限されるようになりました（同一選挙区からの立候補が5年間禁止）。ちなみに、組織的運動管理者とは、選挙運動を中心となって取りまとめる人、それを補佐する人、参謀などを指します。そのため、警察は躍起になって選対の組織図を手に入れようとするのであり、候補者は出納責任者に選挙にまったく関わっていない人を選ぼうとするのです。

「電話かけ」の支払いが原因で失職した議員

2003年の衆院選、宮城1区で当選した民主党の今野東氏と同2区で当選した鎌田さゆり氏を支援していたNTT労働組合の幹部らが、マーケティング会社に業務委託というかたちで、投票呼びかけの電話をさせていたことが発覚。公職選挙法における連座制の適用対象となる利害誘導罪で逮捕・起訴されました。

今野、鎌田両氏とも、電話かけに金銭を支払っていた事実は知らないと主張したものの、今野氏は2005年の連座制適用となる判決を機に議員辞職し、鎌田氏は判決が出る前の2004年に自ら責任をとって辞職しました。

26

選挙スタッフの9割は無給である

選挙に携わる人は法律上、以下の三つに分類されます。

①**選挙運動員**……直接、有権者に支持を訴える人のこと。選対の幹部や秘書もこれに当たります。

②**選挙事務員**……選挙運動に関する事務をする人。選挙運動員のサポート役。日当1万円まで。

③**労務者**……単純労務（お茶くみ、はがきの宛名書きや発送作業、個人演説会会場の設営・撤去、自動車の運転、ポスター貼りなど）をおこなう者。日当1万円まで。

公職選挙法では、②と③には報酬を支払うことを認めています（②に関しては事前に届出が必要。③に関しては届出の必要なし）が、①に報酬を支払うことは一切認められていません。ただし、例外として、車上運動員《ウグイス嬢》と手話通訳者（日当1万5000円まで）に限って、事前に届出をすれば報酬を支給することができます。

つまり、**「選挙運動をする人は、ウグイス嬢と手話通訳を除いてボランティアでなければならない」**ということになります。

逆に、報酬を支給した②と③が選挙運動をおこなった場合、「みなし選挙運動員」とされ、「運動員買収」という罪になります。

例を挙げれば、**②と③の人は、有権者に支持を訴えることができない**ので、選挙事務所を訪ねてきた有権者に、「○○をよろしくお願いします」ということさえできないのです。

実際、選挙事務員として登録されていた人が街宣車に乗って、有権者に手を振った行為（警察に写真を撮られていた）が選挙運動に当たるということで、逮捕された事件もありました。

私の経験から言えば、知事選挙や参議院選挙のように、事務作業に膨大な人員が必要な選挙以外、②と③は限られたスタッフで対応が可能です。選挙事務所が最も必要としているのは、言うまでもなく「一緒に選挙運動してくれるスタッフ」なのです。ですから、**選挙スタッフの9割は無給のボランティアである**と言っても過言ではないでしょう。

27 選挙事務所では喧嘩が起きない日はない

いわゆる選挙期間というのは、最も短い町村長・町村議会議員選挙で5日間、最も長い都道府県知事選挙や参議院議員選挙で17日間ですが、**たいていの選挙において、事務所は一ヶ月以上前に開設されます。**

選挙事務所（公示・告示前は後援会事務所）では、一ヶ月以上、「候補者を勝たせる」というたった一つの目的のために、数十人の大人が、広報物の作成・頒布、遊説計画、電話かけ、書類の作成、炊き出しの準備から当選した際のダルマの購入まで膨大な仕事をこなすわけです。

候補者を勝たせたいという思いが強ければ強いほど、喧嘩が勃発しますし、選挙戦が盛り上がれば盛り上がるほど、**スタッフはトランス状態に陥ります**。

数多くの人が集まれば、意見の相違が出てくるのは当たり前です。誰も意見を言わないような選挙事務所を構えている候補者が勝てるはずもありません。

選挙は熱伝導だと、よく言われます。スタッフが熱を帯びていないのに、有権者の心が動かされることなどあるはずもないのです。

28 選挙のせいでカレーが嫌いになる

前項で、「選挙事務所ではかならず人間関係のトラブルが起こる」と述べました。それでは具体的に、どんなことが理由でトラブルが起きるのか、事例を挙げます。

都市部の選挙ではあまり見られなくなってきましたが、地方の選挙では炊き出しをするところがいまだに多いのです。

厳密に言えば、ボランティアスタッフに食事を出すことは公選法違反に当たりますので、警察に咎められた場合に備えて、最近は事務所に「食事代入れ」と書いた貯金箱みたいなものを置いているのをよく見かけます。

炊き出しで圧倒的に多いのはカレーライスです。

まとめて作れるし、嫌いな人もあまりいません。そしてなにより、早く食べられます。選挙スタッフは忙しい業務の合間をぬって食事する場合が多いので、カレーライスはベストの選択と言えます。

とはいえ、**1週間以上、毎日毎日カレーだと不満も出てきます。**ただでさえ、ストレスの溜まる選挙において、食事は唯一の楽しみ。ですから、選挙戦中盤以降になると、

「カレーばかりでふざけるな！」

とか、他にも、

「こんなまずい弁当を注文しやがって！」

というように、食事のことでキレる人がぞろぞろ出てきて、人間関係が険悪になります。

後から振り返ると笑い話になることが多いのですが、スタッフに気持ちよく働いてもらうためには、やはり食事には注意しなければなりません。

29
選挙には、シャイな人間を大胆に変える「魔力」がある

選挙＝住民とのコミュニケーション。言葉で思いを伝えなければ、なにも前に進みません。ですから、**選挙に携わろうとする人は総じておしゃべり好き**です。

たとえば、事務所に現れては、噂話を中心に何時間もしゃべり倒して帰る人がざらにいます。電話かけの女性スタッフも休憩中にはお菓子を食べながら、子どもの学校ネタから芸能ネタまで、「よくもまあそんなにしゃべることがあるな」というほどしゃべる方が多いです。

中にはおとなしくて、引っ込み思案な人もいるのですが、選挙戦が終盤にさしかかり盛り上がってくると、そういう人でさえ、**街宣車に乗って大声を張り上げたりする**

ことがあるのです。私のように選挙に関わることが多い人間は、そういう光景を目にすると、「やっぱり、選挙っていいなあ」と思ってしまうのです。

30 「勝たせたのは俺だ」と武勇伝を語るウソツキが必ず現れる

選挙の武勇伝を語る人の話は、ほぼ100%嘘です。

たいていそういう人に限って何もしていません。古くからの関係者に聞けば、だいたいわかります。どうせバレるのですから、言わなければいいのですが止められないのでしょう。

選挙で伝説になるような人は、功績を自ら語ることなどしないものです。それはどこの世界でも同じですよね。

もっと知りたい選挙の世界

武勇伝を語る人はお金をせびる

武勇伝を語る人の中には、どこかのタイミングで、「勝ちたいんだったら俺に誠意を見せろ」といったふうにお金をせびってくる人がいます。もちろん応じることは違法で、買収で逮捕される恐れがあります。また、お金を渡したところで票が増えることは、ほとんどありません。金銭の支払いを断ると、そういった方々はだいたい事務所に顔を見せなくなります。

候補者（特に選挙に初挑戦の人）というのは、選挙が終わるまで大きな不安と孤独を抱えているもの。そこにつけこんで、「金を使わなければ、この選挙に絶対勝てないぞ」なんて言われると、ぐらつく候補者もいるのです。

そして、後になって気づきます。「なんで、こんな胡散臭い人に騙されたんだろう……」と。本当の支援者というのは、お金の要求などせずに黙々と働いてくれるものなのです。

31 ネット選挙は、結局、高くつく

2013年の参議院議員選挙から、いわゆる、**ネット選挙が解禁**になりました。この法改正は時代の流れからしても、当然のことだと思います。

しかしながら率直に言って、**候補者の側からすると手間と支出が増えただけ**で、めぼしい効果は見えてこないというのが実感ではないでしょうか。当初、ネット選挙が解禁されれば、

①若年層の政治への関心が高まり、投票率が上がる

②旧来型の選挙でかかる費用（チラシ・ポスターなど広報物の費用、電話代、人件費）が大幅に減り、金がかからなくなる→金がなくてもSNSを駆使することによって、

意欲があれば立候補できる環境づくりができる
といった効果が期待されていました。

しかしながら今のところ、旧来型+ネット選挙をせざるを得ないというのが実情です。ネット選挙が解禁された2013年の参院選でも、投票率は52・16%と、戦後3番目の低さでした。

インターネットというのは、能動性が要求される媒体です。有権者の側から気になる候補者にアプローチしなければ、候補者の情報は得られません。

一方、旧来型のチラシやポスター、電話などは、ある意味、候補者の側から有権者に押し付ける媒体です。各種選挙の投票率はおおむね50%程度、ネット世代と言われる若者の投票率はさらに低い状況で、ネット選挙だけやっていても、勝負になりません。国民(特に若年層)の政治に対する期待・関心が高まらない限り、旧来型の選挙が続くことは間違いないでしょう。

金がなくてもソーシャルなつながりと熱意があれば当選すると思っている人もいるようですが、こと国政選挙に関しては幻想であると言ってもよいでしょう。

もっと知りたい選挙の世界

ネット選挙の手間と支出

インターネット回線の開設やインターネット利用料、ホームページのグレードアップやそれに伴う維持費の高騰など、ざっと挙げただけでもこれだけあります。例を挙げると、日本より早くネット選挙が解禁された韓国において、2012年の大統領選挙では、解禁前07年の大統領選挙とくらべ、与野党とも50億ウォン（日本円にして約4億6000万円）以上支出が増えているのです。増えた分すべてがネット関連費用とは言いきれませんが、かなりの部分が使われているのは間違いないでしょう。

また、同年の韓国総選挙においても、候補者は平均して選挙費用の約10％をSNS関連費用として支出したというデータもあるのです。

32

国会議員の秘書になりたければ選挙の時が狙い目

国会議員の秘書というのは、どういう人がなるのだろうと思われる方も多いと思います。秘書にもいろいろありますが、大きく以下の二つに分かれます。

自分が政治家になることを目指し、**秘書は政治の勉強や人脈づくりのための通過点だと考えているタイプ**と、あくまで秘書を一つの職業と考え、**裏方として議員を支えていくことを喜びとするタイプ**です。私の感覚で言えば、その割合は2：8（多くても3：7）くらいではないでしょうか。

もちろん、他にも起業するための人脈づくりが目的の秘書もいれば、議員の後援会幹部の息子や娘が就職先がなく、腰掛けでいたりする場合もあったりはしますが、どのタイプの秘書になるにしても、秘書の募集を公におこなっている議員は少ないので（まれに職安などで募集をかけている人もいる）、秘書になるにはやはり議員となんらかのつながり《コネ》がないと、なかなか難しいというのが実情です。

議員とつながりがなくて、**秘書になるのに最もいい方法は選挙を手伝うこと**です。特に新人の候補者の選挙を手伝うことで道が開けることは多々あります。

政治家が政治家であり続けるためには、選挙に勝ち続けなければなりません。ですから、選挙に精通した秘書をたいていの議員は喉から手が出るほど欲しいものです。

選挙には人手がいくらあっても足りません。ですから、選挙の前だけスタッフを増やす事務所がほとんどで（無給のボランティアの場合もある）、特に新人候補の場合、手伝いたいと言えば、**よっぽどのことがない限り断られません**。

選挙の手伝いで活躍し、候補者が当選すれば、秘書として採用される可能性は大きく高まるのです。選挙という議員にとって最もつらい時に、側で支えてくれたスタッフはどういうかたちであれ、議員に大切にされるものです。

もっと知りたい選挙の世界

公設秘書と私設秘書

国会議員の秘書はどういう人がなるのか、二つのタイプをお話ししましたが、ここでは国会議員秘書の種類についてお話ししましょう。

国会議員の秘書は、公設秘書と私設秘書に分かれます。さらに公設秘書には、国会法第132条の定めにより、政策担当秘書、公設第一秘書、公設第二秘書の三種類があり、国会議員（衆参両議員）はそれぞれ1名ずつ任命することができます。任命しなくてもかまわないのですが、その場合、秘書給与が議員に支払われることはありません（民主党の辻元清美衆議院議員はかつて、勤務実態のない別の議員の私設秘書を政策担当秘書として登録し、名義料として月5万円だけ支払い、残りの給与を搾取したとして詐欺罪で逮捕され、有罪判決を受けました）。

いずれの秘書も、立場は国家公務員特別職です。給与は衆議院議員の公設秘書は衆議院から、参議院議員の公設秘書は参議院から、それぞれ支払われます。公設第一・第二秘書には、特別な資格は必要ありませんが、政策担当秘書については、資格試験に合格するか、公設秘書歴など任用の要件を満たした者、または選考採用審査認定を受けた者以外は就くことができません。

政策担当秘書は1993年の国会法改正で「官僚主導から議員主導へ」という理

念に基づき「主として議員の政策立案及び立法活動を補佐する秘書」という名目で導入されたものです。

しかし実際のところ、他の公設秘書との職務の線引きは「あってないようなもの」です（さらに言えば、後述する私設秘書と公設秘書の職務の線引きも非常に曖昧です）。

その証拠に、前述した資格試験（合格率4～5％。国家公務員試験I種よりも難関と言われている）に合格して、現在、政策担当秘書として採用されている人（通称、試験組）は、全体の10％程度しかいません。

ほとんどの人は、一定期間の公設秘書歴を経た場合に受けられる（10年以上の公設秘書経験があれば無条件で受けられるが、5年以上10年未満の場合は審査認定委員会が認める職務と合算して10年以上従事する必要がある）政策担当秘書研修を受けて任用されているからです。研修後に筆記試験と面接はありますが、落ちることはまずないと言っていいでしょう。

他に選考採用審査認定というものもあります。司法試験や公認会計士試験の合格者や博士号を有している人、「その分野における業績が顕著であると客観的に認められる著作」（幅が広すぎて、紹介していながらよくわかりませんが……）がある人などは、簡単な面接を受ければ、資格を取得することができます。

中には、難関の資格試験に合格した政策立案能力に長けた秘書を好む議員もいるのでしょうが、私の知る限りそういう議員はめったにいません。議員が求めているのは、①選挙で役に立つ秘書、②お金を集めてくる秘書です。最も良いのは①と②、両方できる秘書です。

政策立案に関しては、アドバイスを求められることはあるものの、議員自身で片付けてしまうパターンがほとんど。ですから、政策担当秘書と言っても、実際のところは、政策立案以外の仕事がほとんどです。選挙にも駆り出されますし（仕えている議員の選挙だけでなく、地方議員の選挙などにも）、パーティー券も売り歩きます。公設第一秘書と第二秘書についても、仕事による線引きはないと言っていいでしょう。キャリアや実績に応じて議員が任命します。

公設秘書の給与についても、お話ししましょう。年齢や年数に応じて変わっていきますが、政策担当秘書で約42万円、公設第一秘書で約40万円、公設第二秘書で約31万円が最低ラインです。この他に、住居、通勤、期末、勤勉、退職の各手当があります。

秘書給与に関して問題となるのが、議員が公設秘書に献金を強制する事例です。政治資金規正法にある、「年間5万円以上の寄附は報告書に寄附した者の氏名を記載する」「一個人は一つの政治団体に年間150万円までなら寄附できる」といった条件をクリアできれば違法ではありません。

しかし、2004年に国会議員秘書給与法が改正され、「何人も、議員秘書に対して、当該国会議員がその役職員又は構成員である政党その他の政治団体又はその支部（当該国会議員に係る後援団体を含む）に対する寄附を勧誘し、又は要求してはならない」と規定され、公設秘書に対する政治団体への寄附の強制や勧誘が違法となりました。それ以降は、仮に寄附が強制でなかったとしても、あらぬ誤解を招く恐れもあるので、公設秘書からの寄附を受ける議員はほとんどいなくなったようです。

ここまで、公設秘書（政策担当、第一、第二）についてお話しいたしましたが、ほとんどの国会議員（特に衆議院議員）は公設秘書の３人だけでは、事務所や後援会の運営をまかないきれません。

国会議員は、国会に併設した議員会館内に部屋を一つあてがわれます。議員会館内の事務所だけで３人程度が働いていることが多いです（もちろん人数に決まりはありません。１人のところもありますし、５人以上いるところもあります）。

また、ほとんどの議員はそれ以外に地元に事務所を構えています。私が最初に仕えた議員は地元に５ヶ所事務所を構えており、秘書が最大で14人いました（衆院選が中選挙区の時代には、どの議員も10人程度は秘書がいたようです）。

先述したとおり、公設秘書３名分の給与は国費でまかなわれますが、それ以外の秘書は、基本的に議員の自腹で雇われています。この方々を通称、私設秘書と呼びます。

私設秘書は議員の裁量で決めるので、雇用形態もさまざまです。バイトでお茶出しや電話番だけする人（バイトや事務員でも秘書の肩書の名刺を持っていることが多い）もいれば、事務所長が私設秘書の場合もあります（公設秘書は65歳を過ぎると継続して採用ができないため、こういう場合が多いのです）。

私設秘書の雇用主は議員の所属する政党の支部であったり、議員の親族が経営する会社から派遣されているかたちをとったり、他にも寄附というかたちで実質的には議員の後援者が給与を払っている場合もあり、千差万別です。そんな状況なので一概には言えないのですが、私設秘書の給与の相場は、フルタイムで働く議員会館の秘書で25万円程度、地元の秘書で18万円程度といったところです。各種手当はない場合がほとんどです。

ですから、特に所帯を持っている方の生活は相当厳しいものになります。私設秘書が公設秘書に格上げになったり、公設秘書が私設秘書に格下げになることもあるので、なんとか公設秘書になろうとがんばる人も多いのですが、古株の公設秘書が居座っていると、なかなか枠が空きません。

そのため、他の議員の公設秘書の枠が空いた場合には、ためらうことなく移籍する人が結構います。移籍を繰り返している秘書がいることに驚く人もいるのですが、事務所間の移籍は決して珍しいことではありません（違う政党の議員の秘書になることだって、多々あるのです）。

33 飲み会がきっかけで議員の秘書になることもある

私の場合、議員の秘書をやっていた幼なじみに、**国会議員が数人集まる飲み会**に誘われたのがきっかけでした。もともと政治好きだった私は、「国会議員とお酒の席を共にできる機会なんて、めったにないから行ってみようかな」、程度の軽い気持ちで参加しました。

私はその席にいた国会議員全員に、「私はジバンもカンバンもカバンもないのですが、それでも国会議員になんてなれるものでしょうか」などと、今思えば無邪気な質問をして回りました。

その中の一人で、「金はある程度は必要だけど、熱意さえあれば、後からなんとかなるものだよ」と言ってくれた議員が、私が初めて秘書として仕えることになる人物でした（以下、ボスと呼ぶ）。

飲み会の翌々日、私の携帯電話に見知らぬ番号からの着信があり、折り返してみたら、ボスからの電話でした。「一緒に飯でも食わないか」と言われ、わけもわからず出かけてみると、「**おまえさん、政治に興味あるなら俺の事務所に来ないか**」と誘われました。一方で「休みもほとんどなくなるし、給料も今勤めている会社ほど出せないぞ」とも言われました。

私は当時、独身の28歳で、広告代理店に勤めるサラリーマンでした。会社に大きな不満もなく、何より大手新聞社の系列だったので、非常に安定した会社でした。ただ、本当に自分がやりたい仕事をしているかと問われれば、答えはノーでした。

結婚もしていなかったので、養わなければならない家族もいない。それに私はまだ20代で、もし失敗してもやり直しがきくと考えて、思い切って政治の世界に飛び込むことにしたのです。これが、私が秘書になったきっかけです。

もっと知りたい選挙の世界

ジバン・カンバン・カバン

ジバン（地盤）、カンバン（看板）、カバン（鞄）というのは、最もよく使われる選挙用語でしょう。

これは選挙に必要な三バンと言われていて、ジバンというのは、その地域（選挙区）にどれだけ根付いているかということ。たとえば、生まれも育ちもその地域というだけで、地縁血縁や学校の同級生・同窓生、なじみの店や取引先などがあり、いわゆる落下傘候補（その選挙区の生まれ育ちではない候補者のこと。衆議院議員選挙などで、選挙区事情や党の都合でそうなる場合が多い）とくらべると圧倒的に有利なのです。

カンバンは、地域の名士であったり、代々続く世襲候補であったり、はたまたスポーツ選手やタレントなど、知名度があり看板のように広く知られていること。選挙が始まる前から知名度抜群のすばらしい看板を持った候補者はやはり強いものです。

最後のカバンは選挙資金。札束がたくさん入った鞄をイメージして、そう表現されます。選挙には、どうしてもお金が必要。その理由については、これまで述べてきたとおりです。

34

選挙に関わっていない人物を出納責任者にすることで警察の追及を逃れられる

公選法180条によると、出納責任者とは、「候補者の選挙運動費用の収入および支出について、いっさいの責任を負うべき人が出納責任者である」とあり、「立候補の届出をした者は、直ちに出納責任者を選挙管理委員会に届け出なければならない」と規定されています。

つまり、出納責任者は選挙において、きわめて重大な責任を有していることになります。ですが候補者は、**出納責任者には選挙にまったく関わっていない人を選ぶのです**。なぜでしょうか。

いわゆる選挙違反と言われるものの中には、軽微な文書違反から買収まで数限りないほど種類があります。その中でも、警察が血眼になって探っているのが「お金」に関わる事案です。

警察は、お金に関わる事案で目をつけた陣営の幹部の自宅を、投開票日の翌朝に一斉訪問し、たいていの場合、任意の出頭を求めてきます。当然、出納責任者は最重要人物一人なのですが、この人物がお金の出入りについて何も知らない場合、**捜査が行き詰まる**のです。

違法な支出の恐れがあっても、出納責任者が何も知らないということになれば、責任の所在が曖昧になり、証拠が固まらず、嫌疑不十分で捜査終了になる場合があるのです。

35

「あなたをなんとしても勝たせたい」という後援者に金をまかせるとロクなことにならない

前項で、候補者の選挙運動費用の収入および支出においては、出納責任者がいっさいの責任を負うということが公選法180条に書かれているとお話ししましたが、これは、あくまで原則です。

こんなことを言うと、ほとんどの候補者の陣営が違法な支出や金銭の授受をしていて、それを隠すために選挙に関わっていない人物を出納責任者にしているように思われてしまいそうですが、決してそんなことはありません。あくまで、万が一の時のためなのです。

出納責任者は候補者が選任するのですが（候補者本人がなることもできる）、選挙が始まってしまえば、候補者は細かいお金の出入りまで管理することができません。そうなると、**候補者が最も信頼する人物にお金の管理をまかせることになります**が、そういう人物は候補者をなんとしても**勝たせてあげたい**思いが強すぎて、運動員にお小遣いを渡してしまったり、ご飯をご馳走してしまったりという例が後を絶たないのです。

もちろん、これは完全な違法行為ですから、候補者も事前にそういうことは絶対にしないでくださいと口を酸っぱくして言ってはいるのでしょうが……。

そういうわけで、出納責任者には、やはり**選挙に関わっていない人物が適任**ということになるのでしょう。

36

壁一面に貼られた推薦状は弱気になった時のカンフル剤

自由民主党（以下、自民党）は１９５５年に結党して以来60年間、93年の細川、羽田政権の十一ヶ月間と２００９～２０１２年の民主党政権時代を除いて、政権の座にいます。ですから、業界団体とのつながりが最も深い政党はと聞かれたら、まぎれもなく自民党という答えになります。

国政選挙の際に、自民党候補の選挙事務所を覗くと、**業界団体からの推薦状が壁一面に貼られています。**衆議院の場合、解散が決まるやいなや推薦依頼状を作成し（決まる前から用意している場合もありますが）、業界団体に一斉に郵送、あるいは秘書が持参をします。

しばらくすると、代表者の印が押された推薦状が候補（予定）者の事務所宛てに送られてくるので、それを壁に貼っていくわけです。

推薦状を得る最大の目的は、**各種団体や企業が推薦を機関決定し、その事実を末端の会員にまで周知させることで、候補者の票につなげる**ことです。

しかし、別の目的もあるようで、私はある議員がしみじみこう語っていたことを思い出します。

「もちろん、票が欲しいから推薦状をもらう。だけど、選挙事務所の壁が推薦状で埋め尽くされているのを見ると、劣勢の時なんかは特に、自分にはこれだけの後ろ盾があるんだから大丈夫！　という**精神安定剤的な役割もあるんだよなあ……**」

もっと知りたい選挙の世界

業界団体

業界団体というのは、日本医師会や日本弁護士連合会（日弁連）、あるいは全国農業協同組合中央会（ＪＡ全中）のような業種ごとに構成された組織で、会員の利益を追求することを第一の目的とします。

日本医師会であれば、「診療報酬を上げてほしい」「医学部を増やさないでほしい」というように、医師の代弁者として政治家や官僚に要望する役目を担っています。

当然のことながら、彼らの目的を実現させるためには、国会で過半数の議席を持つ政権与党とのパイプがなければ始まりません。そこで、政治家のパーティー券を買ったり、選挙の応援をしたりして持ちつ持たれつの関係を築いていくのです。

２００４年に発覚した日歯連（日本歯科医師連盟）の闇献金事件や15年の迂回献金事件は、その最たるもの。前者は日歯連から自民党橋本派への1億円の政治献金が、額が多すぎて目立つので、収支報告書に記載しなかった（政治資金規正法違反）というもので、後者は歯科医師出身の参議院議員二人（自民党と民主党）を支援するために、総額6億7000万円を法律の上限を超えない形を装って寄附した疑いがもたれているというものです。

後者については、まだ判決は出ていませんが、事実だとすれば決して許されるものではありません。そして、なによりも驚くのは、その金額でしょう。参議院議員二人に対して、それだけ寄附をするということは、その金額に見合う見返りが日本歯科医師会にあると思われても不思議ではありません。

ちなみに、日本歯科医師連盟というのは日本歯科医師会の政治団体のこと。日本歯科医師会は公益団体で、政治活動ができないため別組織となっていますが、実態はほぼ同じ。日本医師会やＪＡ全中も同じように、日本医師連盟や農政連といった政治団体を持っており、政治家への献金やパーティー券の購入はそちらがすることになっています。

37 選挙後、会った人の表情で投票してくれたかどうかがわかる

選挙に立候補した人は、たとえ落選したとしても、次の戦いに向けて、応援してくれたと思われる企業や団体、有力者のところへ**お礼参り**に行かなければなりません。その際、明らかに気まずそうな表情を見せる人がいるのです。「まあまだ君は若いから、次に向けてがんばって、また応援するから」などと言いながら、目が泳いでいたり、忙しそうなふりをして早く帰そうとしたり……投開票日前に会った時とは明らかに違う表情を見せるわけです。

大きな企業や団体、有力者のところへは多くの候補者が訪ねてくるでしょうし、そういう方々は立場上、あるいは商売柄、どの候補者にもいい顔をしなければならない

場合もあるのでしょう。ですから、そういう人の中には選挙が近くなると、候補者に会いたくないので、長期出張を装って海外旅行に出かけたりする人もいるほどです。

私の経験上、**「応援します」はあてになりません**。地方では、選挙が近くなってからの戸別訪問の際に、ほとんどの人が「応援してます」と言ってくれます。

私は初めて地方の選挙を手伝った時に、この言葉の意味を勘違いし、この選挙は圧勝するんじゃないかという錯覚に陥りました。結果は惨敗。

「応援する＝投票する」では決してないのです。その選挙に立候補している人全員を応援していたとしても、投票できるのはたった一人。

ですから、候補者としては「あなたを応援します」ではダメで、**「あなたに投票します」と言わせて初めて一票獲得**と考えなくてはなりません。

選挙後も「応援してたのに、残念だったね」と言う人はおそらく投票してくれていません。「あなたに投票したんだけど、残念だったね。次も挑戦するんだろ」と言う人が清き一票を投じてくれた真の支援者たちなのです。

もっと知りたい選挙の世界

業界団体と与党

今後も、前出のような闇献金事件や迂回献金疑惑が後を絶たないようであれば、企業・団体献金の在り方について、政治資金規正法の抜本的な見直しをする必要があるのではないでしょうか。

小泉純一郎元首相は公約である郵政民営化を実現するため、古くからの自民党の支援団体であり、集票組織である郵政関係の政治団体をすべて敵に回しました。また、安倍晋三首相も大多数の農業団体が反対する中、ＴＰＰを妥結し、２０１５年の農協法の改正なども、ＪＡ全中の必死の抵抗をほぼ無視して成立させました。つまり、時の政権が業界団体の方ばかりに顔を向けているかと言えば、必ずしもそうではないのです。

第4章

選挙運動の常識は世間の非常識

38
告示日のポスター貼りでは「1秒でも早く」を競う

公営掲示板。名称をご存じなくても、**選挙の際、候補者のポスターが一斉に貼り出される大きな板**と言えば、みなさんおわかりだと思います。

この公営掲示板、選挙区にだいたい500～1000ヶ所設置されています（有権者数や選挙区の面積によってもっと少ないところや多いところもあります）。

候補者のポスターが公営掲示板に貼り出される過程は以下のとおりです。

選挙告示日の朝8時30分、各陣営の代表者（本人ということは、まずありません）が役所に集合し、くじを引いて、掲示板のどの番号の位置にポスターを貼るかが決まります。

番号が決まったらくじを引いた人が、選挙事務所の担当者に電話やメールなどで番号を伝えます。選挙事務所の担当者は、各所で待ち構えたポスター貼りスタッフに同様の方法で番号を伝えます。

各陣営はできるだけ早く有権者の目にとまるよう競って貼っていきます。もちろん、有権者に顔と名前を早く知ってもらうことが最大の目的なのですが、もう一つ、**敵陣営に自分たちが強いことをアピールする目的もあるのです。**

つまり、「掲示板にポスターを貼るのが早い＝ボランティアが多くて組織力がある＝強い」という図式が成り立ち、敵陣営の脅威になるというわけです。

「あの候補者の陣営は組織力があって強い。それにくらべて私たちは……」と思わせられたら、しめたもの。たとえわずかでも、敵陣営の士気が低下するかもしれません。

ですから、ほとんどの陣営は、告示日の正午までにすべてのポスターを貼り終えようとします。

たまに、告示日から数日経っても、ポスターをほとんど貼られていない候補者がいます（選挙が終わるまで貼られていない場合も）。この原因は選挙を手伝うスタッフがほとんどいないからだと思われますが、こういう候補者は完全な泡沫候補扱いになり、当選することもまずありません。

ちなみに、公営掲示板に貼るポスターの規定は大きさに関するものくらいしかありません。ですから選挙期間中に何回貼り替えてもかまいませんし、写真のない文字だけのポスターでも問題ありません。

39

ウグイス嬢の日当は上限1万5000円と定められているがほとんど守られていない

ウグイス嬢（以下、ウグイス）とは、選挙期間中、主に街宣車の中から、マイクで候補者の名前を連呼したり、政策を訴えたりする女性たちのことです。

ウグイスは、事務所のボランティアがやることもありますが、メインは**プロが務める**のが通例です（だいたい3人程度のウグイスが街宣車に乗って交代でマイクを握ります）。プロの方のほとんどは選挙のない時、結婚式や各種イベントの司会業をしています。

ウグイスには選挙期間中、**1万5000円を上限として日当を支払っていい**ことが、公職選挙法197条に定められています（登録が必要。もちろん完全な無償ボランティアも可）。

問題はこの1万5000円という金額です。誤解を恐れずに言えば、**この上限1万5000円はほとんど守られていません**。つまり**違法が横行している**ということです。

いいウグイスは需要が高く、選挙期間中は完全な売り手市場になります。そういった状況だと、この決して高いと言えない日当では、いいウグイスは確保できないのです。

40

ウグイス嬢がへそを曲げると一巻の終わりなのでお姫様扱いをしないといけない

選挙が近づくと、できるだけいいウグイスを確保しようと各陣営による取り合い合戦が勃発します。いいウグイスというのは、声がいい、よく通るというのは当然のことながら、**候補者の思いを臨機応変に汲み取る能力に長けている**人のことです。

候補者とウグイスは選挙期間中（参議院選挙や知事選挙では17日間、衆議院選挙では12日間、市議・区議選挙などでは7日間）、朝8時から夜8時まで（候補者がずっと街宣車に乗っているとは限りませんが）、狭い車内で共に時間を過ごすことになります。

しかも、候補者にとっては生きるか死ぬかの戦いの最中であり、当然、ピリピリしたムードが漂うこともあります。ですから、**単にしゃべるのが上手いだけではダメ**で、時には、候補者を励ましたり、奮い立たせたりすることも必要なのです。

加えて、街宣車には候補者のほかに、ドライバー、車長（回るルートを指示する）、そしてウグイスがだいたい3人乗ります。

なので、ウグイスは候補者だけでなく他のメンバーに対しても気を使い、車内融和に努めなければなりません。

ウグイス同士が気心知れたチームで参加している場合はよいのですが、個々で参加している場合、ウグイスの間で気まずい雰囲気になり、時には内紛が勃発することもあります。

そう考えると、どんなにしゃべりが上手くても、我が強かったり、空気が読めない人は選ばない方が賢明でしょう。

実際、**ウグイスがへそを曲げると大変なことになります**。選挙期間中、朝の8時から夜の8時まで狭い車内で一緒に過ごすのです。やる気をなくされたら、たまったものではありません。

ですから、候補者も含め選挙に関わる人はすべて、**ウグイス嬢をお姫様扱いします**。

かつて、候補者とウグイスが喧嘩をして、ウグイスが自分も罪になることを覚悟の上で警察に、

「**私は日当を1万5000円以上もらっています！**」

と、まるで自爆テロのような行為に及んだこともあったそうです。

もっと知りたい選挙の世界

ウグイス嬢に訴えられた候補者

選挙は候補者にとって生きるか死ぬかの戦いですが、候補者の中には車に同乗している女性運動員にちょっかいを出して訴えられた者もいます（1999年4月、大阪府知事選の期間中、運動員の女子大生が、「選挙カーの中でわいせつな行為を受けた」として、再選を目指していた横山ノック知事を強制わいせつ容疑で大阪地検に告訴しました）。

選挙を経験した私からしてみれば、生きるか死ぬかの戦いの最中に、そういうことに意識が向く候補者がいること自体驚きです。よっぽど余裕のある選挙戦をしているとしか思えません。

41
選挙には「桃太郎」という隠語がある

「桃太郎」「ブツ」「戦車」「空中戦」「地上戦」

みなさん、これらの言葉の意味がおわかりになるでしょうか。

桃太郎とは、**選挙期間中に候補者を先頭に、スタッフが旗や広報物を持って商店街などを練り歩くこと**を言います（お伽噺「桃太郎」で桃太郎がイヌ、サル、キジを従えて鬼退治に出かけた光景に似ていることから）。

ブツというのは、いわゆる広報物のことで、麻薬のことではありません。

戦車は、いわゆる街宣車のこと。選挙で戦うという意味も含めて、こう呼ばれます。

空中戦とは、ポスターや街頭演説、インターネットなどを中心とした都市型の選挙戦術であり、**地上戦**とは、戸別訪問（選挙期間中は禁止）、ミニ集会の開催、後援会づくりなどを中心とした地方型の選挙戦術のことです。

なぜ、選挙ではこのような隠語を多用するのでしょうか。

選挙は情報戦でもあり、事務所にスパイが入り込んでいることなど日常茶飯事です。機密情報の漏洩を防ぐために隠語が多用される、というのが最大の理由であることは間違いありません。

私が考えるもう一つの理由はこうです。選挙運動というのは特殊なもので、ほとんどの人は人生において主体的に関わることはありません。ですから、選挙運動に関わっている人は、「**自分は特別なことをしているのだ**」というある種の優越感を抱いているのではないでしょうか。それが隠語を生み出し、隠語で会話させる源ではないかと思うのです。

とはいえ、ほとんどの人は、仕事をほったらかして、選挙に熱中している人をうらやましいなどと思わないでしょうが。

42
都市部の選挙ではスタッフが徹夜で壮絶な場所取り合戦をする

都市部の選挙と地方の選挙とでは、活動の仕方が大きく違う部分があります。

都市部においては、有権者の転出・転入が激しく（たとえば、東京都杉並区では4年間で4割の有権者が入れ替わると言われています）、地域の有権者と長い付き合いをするのが難しいため、しっかりとした後援会を持ってない議員も多くいます。

また、都会では近所付き合いがない、隣人の顔も知らない、ということが、もはや当たり前となりつつあります。そういう状況では**口コミなどで支援の輪が広がることは期待できません。**

ですから、都市部では前項で述べた空中戦頼りの選挙をせざるを得ませんし、その方がより効果的である場合が多いのです。

その代表的な選挙戦術がいわゆる、**朝立ち、夕立ちと言われる駅前での街頭演説**です。都市部にお住まいのみなさんは、朝、出勤の際、候補者が駅でマイクを握って名前を連呼しているのを見たことがあるはずです。

「うるさいなあ」と思われる方がほとんどだと思いますが、候補者にとって**顔と名前を覚えてもらうには最も効果的な方法**なのです。

大きな駅では朝の1時間の間に、同じ場所を何万人もの人が通るのです。ですから、多少迷惑がられても選挙期間中とその直前には、ほぼすべての候補者が駅立ちをします。

ですから、場所の取り合いも壮絶で、時には陣営間で取っ組み合いの喧嘩が勃発します。ただでさえ、スタッフは日中の選挙運動で疲弊しているのに、**前日の夜中から翌朝の場所取りのために徹夜させられることもあるのです。**

43 名前を連呼する選挙運動を「ばかばかしい」と言っていた人も自分が候補者になると連呼する

私はこの業界に入る前、選挙の度に選挙カーで、ひたすら名前ばかり連呼する候補者を、

「他に訴えることはないのだろうか。それで票を投じる有権者がいるのだろうか」

と冷めた目で眺めていました。そして、私と同じような、

「名前の連呼なんて単なる騒音にすぎない」

「〇〇でございます。なにとぞ、よろしくお願いいたしますと言われて『はい。そうですか。それではあなたに投票しましょう』という人なんているわけがない」

「あと一歩のところまできております。〇〇は力を振り絞って、最後のお願いに伺い

ました。って、そちらが好きで選挙に出てるんでしょ。別に力を振り絞ってくれなんて誰も頼んでないよ」

という感想を数多くの有権者から聞きました。ということは、名前を連呼する選挙運動はむしろマイナスに影響するのではないかとも考えられます。しかし、私自身が選挙に立候補した際、連呼をいっさいしなかったかと聞かれれば、**答えはノーです。**

なぜでしょう。それは、公職選挙法第141条の3の規定により、本来、選挙カーでは選挙運動をしてはいけないのですが、**停止中の演説と走行中の連呼だけはしてもいい**ことになっているからです。

「選挙運動のために使用される自動車の上においては、選挙運動をすることができない」という条文はいかがなものかと思いますが、法律に従えば、走行中は連呼するか黙っているしかないのです。だとしたら、**連呼するしかないでしょう。**

ちなみに、どういうわけかわかりませんが、選挙カーで名前を連呼することが公選法違反だと勘違いしている国会議員が実に多い。それもこれも、公選法第141条の3のような非常に奇怪な条文によるところが大きいと思われます。

もっと知りたい選挙の世界

選挙カーに関する規定（公選法第１４１条の3）

何人も、第１４１条（自動車、船舶及び拡声機の使用）の規定により選挙運動のために使用される自動車の上においては、選挙運動をすることができない。ただし、停止した自動車の上において選挙運動のための演説をすること及び第１４０条の２第1項（連呼行為の禁止）、ただし書の規定により自動車の上において選挙運動のための連呼行為をすることは、この限りでない。

連呼を違反と勘違いしている国会議員

なぜ、選挙カーで名前を連呼することが公選法違反だと思っている（勘違いなのですが）にもかかわらず、候補者は連呼ばかりするのでしょうか。それは、短時間で移動する選挙カーでは政策を訴えづらいということもありますが、連呼には効果があると考えているからです。

「ザイアンスの法則」を聞いたことがあるでしょうか。これは、「接する回数が増えれば増えるほど好意度や印象が高まる（単純接触効果）」というもので、１９６８年にアメリカの心理学者ロバート・ザイアンスが論文として発表したものです。

この法則を選挙運動に当てはめれば、単なる名前の連呼でも好意を持たれるようになり、それが票につながると候補者は考えるのです。

私自身は選挙カーや街頭演説での名前の連呼が直接票につながるとは思いませんが、候補者が自分の名前を覚えてもらい認知度を上げようとするのは当然のことでしょう。ただ、何度も選挙に出ているのに、政策を訴える演説もろくにせず、名前の連呼ばかりしているような候補者に一票を投じる気にはなりませんが……。

44

警察は選挙事務所に出入りしている人物をほぼすべて把握している

選挙期間中、**警察（捜査二課）は公職選挙法違反の取り締まりを徹底しておこない**

ます。私が立候補した際も、開票日の翌朝、選挙を手伝ってくれた主なボランティアスタッフの自宅に警察が手分けして一斉に押し寄せました。

実は、私の陣営が警察に目を付けられているのは、選挙告示日の前からわかっていました。私の事務所は大きな通りに面していましたが、ある時、道路を挟んだ目の前のビルに監視カメラが取り付けられているのがわかったからです。

私は、「私の陣営が選挙違反（公選法違反）など絶対にしていない」という確信があったので、さして気にしませんでしたが、事前に主なスタッフには警察が訪ねてくるかもしれないということは伝えておきました。

警察がどの陣営をターゲットにするのかの判断基準はよくわかりませんが（明確な基準はないとも聞く）、おそらく私の陣営が狙われたのは、**子連れのボランティア女性が大勢いて、フル稼働で電話かけをしてくれたから**ではないかと思います。

124頁で述べたように、電話かけはボランティアの中で最もきつく、人気のない仕事です。ですから、私が電話かけの女性スタッフにお金を払っているのではないかと疑われたようです。そのことは、警察に呼ばれた女性スタッフから聞きました。

もちろん私は選挙でボランティアに来ているメンバーの名簿など表に出していませんし、出す義務もありません。しかしながら、警察は監視カメラで撮影した映像をもとに、スタッフの住所だけでなく出身地から家族関係まですべて把握していたようです。スタッフは警察から、

「**お金ももらってないのに、どうして電話かけなんかするんだ**」

としつこく聞かれたようです。

もっと知りたい選挙の世界

警察と選挙

警察は選挙においても性悪説に立って捜査します。これは当たり前のことで、バレなければ、たとえ選挙違反をしてでも当選したいと考える人がいくらでもいるからです。政治と金の問題がいつまで経ってもなくならないことが、これを証明しています。

45

「集会に100人集められる」と豪語する人ほど誰も連れてこない

どういうわけか、選挙で大口を叩く人（134頁参照）ほど、実際には何もしてくれません。これはどこの世界でも同じなのかもしれませんが、選挙においては、特にその傾向が強いように思われます。

たとえば、集会の人集めというのは大変な仕事です。ですから、

「ああ、わかった。100人くらい俺が声をかければすぐ集まるから、任せておけ！」

なんて言われると、**苦労しているスタッフはその人が天使に見えたりします。**

でも、集会に100人集められると豪語する人ほど誰も連れてきません。下手をすると本人さえ来ません。後で、その人にばったり出くわすと、悪びれもせず、

「あの日は天気がなあ……」

「身内でトラブルがあって、僕が行けないのに知り合いを行かせるわけにもいかんだろう」などといった言い訳をします。

初めから大きなことを言わなければいいのに、といつも思うのですが。

46 雨が降ると候補者はニヤリと笑う

選挙期間中の戸別訪問は公選法で禁止されていますが、**告示前であれば、戸別訪問も政治活動ということになり問題はありません。**

ですから選挙に立候補しようと決めた時から、実質的に選挙運動はスタートしているのです。

選挙は人気投票です。いくらすばらしい政策を掲げても当選するとは限りません。誤解を恐れずに言えば、地方に行けば行くほど、有権者の投票行動は政策とは無関係で、義理人情に左右されます。

「あいつは議員としては役立たずだけど、人はいいんだよなあ。俺はあいつの従弟と同じ小学校出身だし、仕方ないから今回も投票するか」

といったパターンが実に多いというのが私の印象です。

義理人情に左右される選挙戦においては、**候補者にとって雨も味方になります**。

まず、雨だと有権者の在宅率が上がります。戸別訪問の際、候補予定者（選挙に立候補することは決めているが、告示前は候補者とは呼べないため）は当然のことながら有権者と直接会って自己ＰＲしたいものです。**雨の日にずぶ濡れになりながら、山の上にある自宅を訪問されたら、一票入れてやろうか**と思う有権者も多いはずです。

また交通量の多い交差点などで、雨の中、街頭演説している姿を見て、心動かされる人もいるのではないでしょうか。つまり、候補者にとって、雨は「おいしい」ハプニングなわけです。選挙では、雨さえも味方につけるくらいの心構えで戦わなければ勝利はおぼつかないのです。

47 投票日が近づくにつれ候補者はスリムになり、内勤スタッフは太っていく

選挙は知力よりも体力勝負だと言われます。候補者は、日中は街頭演説、夜は集会、遠くから手を振ってくれる有権者のところには、ダッシュで駆け寄り握手します。ですから、投票日が近づけば近づくほど、候補者はスリムになって、顔も引き締まっていきます（まれに太っていく候補者もいますが）。

一方で、電話かけなどの内勤スタッフは太っていきます。これは**選挙期間中の大量**

の差し入れによるもので、特に間食の大好きな女性は要注意です。電話かけなどストレスの溜まる仕事では、**何か食べないとやっていられない**気持ちもよくわかります。

ですから、ダイエット中の女性には選挙事務所でのボランティアはあまりお勧めできません。

48

「ポスターを貼ってもいいよ」と連絡があった家を訪ねると「そんなことは言っていない」と怒られる

これ、結構ある話です。

「**応援しているから、家にポスターを貼っていいよ**」と事務所に電話がかかってきます（たいてい男性から）。

こちらからお願いしてもなかなか貼らせてくれないポスターを、**向こうから貼らせてあげるなんて言われるとテンションが上がります**。翌日、喜び勇んで出かけていくと、

「いや、そんなこと言ったおぼえはない」

と言われたりするのです。

ということは、誰か別の人からのいたずら電話だったのでしょうか。本人が電話をかけてきたことは、直接会った雰囲気でわかるのですが……。

どうしてこういうことが起こるのか、考えてみました。おそらく、電話をくれた人はその候補者を本当に応援しているんだと思います。何かできることはないかと考え、ポスターを貼らせてあげると言ったものの、奥さんに話したら、

「**あんた、なに言ってるの！　ご近所の目もあるんだからいい加減にしなさい**」

みたいなことを言われたのでしょう。

せっかく家まで来させたのに、

「嫁にダメだって言われちゃってさあ、ごめん……」

と言うわけにもいかず、逆に居丈高な態度をとってしまうのかもしれません。

49 年配の共産党系の女性候補者には髪の毛が「紫色」の人が多い

理由はサッパリわかりません。

長年、政治の世界にいると、いろいろな党の議員が集まっている会合などに行った際、顔や雰囲気を見ただけで、どこの政党に属している議員か（あるいは、無所属でも保守系なのか革新系なのかが）わかるようになります。

たとえば、**紫色の入った白髪の女性議員は共産党系が多いです。**10年ほど前、敵情視察を兼ねて共産党の議員が主催する集会に参加したことがありますが、議員以外の参加者も紫白髪の女性があまりに多くて度肝を抜かれました（最近は共産党もだいぶイメージが変わって、茶髪の若い女性議員やイケメンの男性議員もいたりはしますが）。

国会前で、「脱原発」や「打倒！　安倍政権」を叫んでいる女性にも、やはり同じような髪の色の人が少なくありませんでした（脱原発や反安倍の人が共産党関係者や支持者とは限りませんが）。

そう言えば、橋下徹前大阪市長がツイッターで「紫頭おばはん」と罵った大学教授の浜矩子氏も反安倍の急先鋒でしたね。もっとも、浜氏の髪の色は紫色の入った白髪ではなく、全体が紫色ですが。

話を戻します。共産党と同様に、自民党には自民党の、民進党には民進党の「らしい顔や雰囲気」があるものです。民間企業でも、社員の雰囲気で勤めている会社や業種がなんとなくわかったりしますよね。政治の世界もそれと同じだと思います。

50 選挙が近くなると事前ポスターの数が増えるが告示日前には一斉に剥がす

基本的に選挙期間中、候補者は公営掲示板にしか自分の顔写真入りのポスターを貼ることができません。

みなさんが普段、街中や道路で見かける顔写真と名前入りの大判のポスターは、**通称、事前ポスター**と呼ばれるもので、現職議員の場合、任期満了の六ヶ月前まで貼ることができます（衆議院の場合、任期満了六ヶ月前か解散の日まで）。

任期満了の六ヶ月前から、告示日（公示日。24頁参照）までは一人で写ったポスターを貼ることが事前運動とみなされ、公選法違反に当たることから、候補予定者は二人以上で写ったポスターに切り替えなければなりません。

みなさんも、政党の代表と他の政治家が二人で並んで写っている（あるいは握手している）ポスターを見かけたことがあると思います。あれを**通称、2連ポスター**と言います。ちなみに三人のものを3連ポスター、四人のものを4連ポスターと言います。

複数名のポスターは、基本的には誰と写ったものでもかまいません（政治家である必要はなく、芸能人だろうと一般人だろうと問題ありません。しかし、実際には政治家同士で写っているのがほとんどです）。

ですから選挙が近くなると、事前ポスターの数がぐーんと増えますが、**告示日までには一斉に剥がさなくてはいけません。**

51 事前ポスターにはウソばかり書かれている

選挙期間中でもないのに、ポスターを貼ることは公選法が禁止している事前運動に当たるのではないかという議論もあるのですが、事前ポスターは選挙活動のためではなく、あくまで**演説会の告知をするための政治活動用ポスター**という体裁になっています。

よーくポスターに近づいて見てください。下の方に、

「○○年○月○日、○○駅前で街頭演説会」

と書いてあります。しかし、そもそも文字の大きさに規定がないので、ほとんど見えません。

そして、**その日、その場所に行っても街頭演説会がおこなわれることはまずありません。**やらなかったからといって咎められることもありません。とにかく違法にならない方法で有権者に顔と名前を知ってもらいたいという思いだけで作成しているので、**日付と場所なんて適当に決めていることがほとんど**です。

日付と場所についても、特に規定があるわけではないので、極端な話、**「2500年4月1日、ニューヨーク、自由の女神前」**でもいいわけです。

そもそも公選法は「○○はしてはいけません」というネガティブリスト形式で作られていますので、政治家は逆手に取って、してはいけないと書いていないことなら、何でもしようとします。

私は公選法を「○○と△△だけしていいです」というポジティブリスト形式に変えた方が良いと思うのです。その方が、有権者に無用の誤解を与えずにすむことは間違いないからです。

52

市区町村議会議員選挙では公営掲示板のどこにポスターを貼るかが当落に影響する

告示日の朝、各陣営がくじを引いた後、公営掲示板の引いた番号の位置にすばやくポスターを貼ることが相手陣営の脅威になる、と160頁で述べました。

実は、**衆議院議員選挙や知事選挙では何番のくじを引いても当落に影響することはほとんどありません**。候補者数が10人以下の選挙では、掲示板のどこにポスターが貼ってあっても、ほぼ均一に有権者の目に入るからです。

しかしながら、候補者が数十人規模の選挙となると話が違ってきます。**引いたくじの番号が当落に影響する**と言っても過言ではありません。

2015年の世田谷区議会議員選挙には定数50に対して、82人が立候補しました。

縦2メートル横8メートルの巨大な掲示板に82名全員のポスターが貼られるのです。

当然、どの位置に貼られているかで、有権者の目に入る度合いも変わってきます。当然、下よりも上に貼ってある方が目につきます。そして、今までの傾向を分析すると、中央よりも両端、特に右端の候補者の票が伸びる傾向があるようです。つまり、**最上段の右端のくじを引くと当選の可能性が高くなる**のです。

「そもそも、市区町村議会議員なんて地域密着の存在だから、全員の人となりなんか知ってるし、毎回同じ人に投票してるよ」

「いやいや、そんなこと言っても、有権者は事前に候補者の政策や将来性を調べて投票するから、ポスターの位置なんて関係ないよ」

なんて言う人もいるでしょうが、はたしてそうでしょうか。

私は決してそうは思いません。たしかに、地方の小さな市町村に行けば、地域密着型の活動をしていて町の多くの有権者が知っているような議員（あるいは議員候補）がいることは事実です。しかし、いくら地方といっても、やはり20～30代の有権者の政治に対する関心度は低いのです。なんとなく公営掲示板のポスターを見て誰に投票するか決める人もいないはずはありません。

都市部では、なおのことです。いくら地方議員は地域密着の存在だといっても、東京23区や政令指定都市の有権者でいったいどれほどの人が議員（候補）の顔と名前が一致するでしょうか。おそらく東京23区では、議員（候補）の名前も顔も一人も知らないという有権者の方がむしろ多いのではないかと思うくらいです。

その証拠に、**投票日に開票所の前に設置してある公営掲示板をじーっと眺めている人がなんと多いことか**。また、時の風がそれほど影響しないと言われている市議会議員選挙や区議会議員選挙で、得票が倍増したり、半減したりする候補が結構いることからも、やはりポスターの位置が得票に大いに関係すると言えるのではないでしょうか。

ちなみに、世田谷区議会議員選挙では、公営掲示板の番号の振り方を四種類に分けていて、すべての公営掲示板の右端に同じ候補者のポスターが貼ってあるというわけではありません。しかし、たとえ全掲示板の4分の1でも右端に貼ってあれば、選挙戦では断然有利になることは間違いありません。

53

敏腕選挙プランナーは勝てる戦しか請け負わない

選挙が始まると、「○○氏は勝率9割の敏腕選挙プランナー」という宣伝文句をよく見聞きします。選挙に人生がかかっている（特に次の選挙は危ないと言われている）候補者からすれば、そういう人物は神様に見えるようです。しかし、いくら大金を用意したところで、コンサルタントを引き受けてくれるとは限りません。

２００７年の都知事選で、石原慎太郎氏が「都政の私物化」と批判を受けながらも圧勝したのは、カリスマ選挙プランナー、三浦博史氏がいたからだと言われています。その三浦氏が、米国で勝率１位の選挙プランナー、トム・ヒュージャー氏に「どうしたらあなたのようになれますか」と質問したら、次の答えが返ってきました。

「簡単だ。運がよくて、勝てそうな人しかクライアントにしないこと」(『週刊ポスト』2012年12月7日号)

というわけで**敏腕選挙プランナーは、落選しそうな候補者からの依頼は、いくら大金を積まれたところで受けてくれない**でしょう。有名であればあるほど、自分の売りである勝率を下げるわけにはいかないのです。

もっと知りたい選挙の世界

選挙プランナー

私の経験から言えば、知事選挙や参議院議員選挙のように選挙区が広く、注目度の高い選挙では、選挙プランナーの存在が勝敗に大きく影響します。

実際、三浦氏の主なクライアントは、石原慎太郎氏をはじめ、仲井眞弘多元沖縄県知事、黒岩祐治神奈川県知事といった大物ばかりで、地方議員選挙の依頼は受けていないようです(前掲誌より)。

いわゆるドブ板選挙が有効な手段となる地方選では、地道に歩いて票を重ねることが当選の確率を高めます。それに対し、選挙プランナーが得意とするのは、イメージ戦略や広報戦略が大きな影響を及ぼす、空中戦主体の知事選や国政選挙なのです。

54

年賀状、寒中見舞い、暑中見舞いを出すのは違法である

冠婚葬祭や時候の挨拶は候補者、後援会事務所にとって本当に大事なので、それらを規定する公職選挙法147条の2を紹介します。

「候補者又は公職の候補者となろうとする者（公職にある者を含む）は、当該選挙区（選挙区がないときは選挙の行われる区域）内にある者に対し、答礼のための自筆によるものを除き、**年賀状、寒中見舞状、暑中、残暑見舞状その他これらに類するあいさつ状**（電報その他これに類するものを含む）を出してはならない」

この法律は選挙期間中だけでなく、常時、適用されるため、選挙のない年であっても出すことはできません（ちなみに、焼香や弔電、結婚式の祝電はＯＫです）。

かつて、某国会議員が選挙区内の全世帯に年賀状を出して、問題になったこともあるので、この法規制もやむなしかとも思いますが、世間の常識に照らせば**非常識**でしょう。

なぜなら、この法律に従えば、**議員は選挙区内に住んでいる親戚や友人にさえ年賀状一枚すら出せない**ことになるからです。参議院全国区で当選している議員は、選挙区が日本全国のため、日本国籍を有する全有権者が対象となり、年賀状はいっさい出すことができません。

答礼のための自筆なら許されると言っても、議員本人が一枚一枚肉筆で書ける数などたかが知れています。また、その際に、お年玉付き年賀はがきを使用すると、公選法の規定する「寄附の禁止」に抵触する恐れがあります。選挙運動の常識は世間の非常識と言われても、返す言葉がありません。

もっと知りたい選挙の世界

年賀状

かつて、「謹賀新年」とデカデカした文字の下の方に、小さな字で、「これは年賀状ではありません」と書いたはがきを、選挙区内の有権者に大量郵送した国会議員がいました。議員が言うには、

「これはパーティーの案内状であり、年賀状ではない」

とのことで、たしかに小さめの字でパーティーの案内が記載されていました。しかし、何もそこまでしなくてもという思いがしてなりません。

どうしても挨拶をしなければならない場合は、年賀状の形式をとらず、政治団体の届出をしている団体の会員に向け、会報誌を発行するという方法もあります。

中には、配偶者の名前や会社名などで挨拶状を出したり、選挙区外の方にだけ出しているという議員もいます。

第5章

投票、開票の謎

55

開票前から当確が出る理由は徹底的な情報戦にある

「〇〇選挙区の〇〇氏、当選確実です」

国政選挙の投開票日の午後8時。選挙特番が始まるや否や、続々と各選挙区の当確情報が流れてきます。

しかし、ほぼすべての投票所で、投票時間は午後8時までとなっています。

「まだ開票もしていないのに、なぜ当選が決まるのだろう」

と疑問に思う方は多いのではないでしょうか。

これは、いち早く当確を打つために各報道機関が公示（告示）直後から、猛烈な情報収集をしているからにほかなりません。当確を打つために欠かせない情報収集は、大きく分けて以下の三つです。

①情勢世論調査

情勢世論調査は、投票日の1週間前にコンピューターに無作為で発生させた番号に電話をかける方法を採用しています。ただし、調査後から投票日までの間に候補者や政党代表者の発言によって、大きく風向きが変わることもあります。また、出口調査が実際に投票所に足を運んだ人を対象にしているのにくらべて、電話口で答えた有権者が投票に行かない場合もあるため、実際の投票行動と開きが出る可能性もあります。

②選挙区ごとの各陣営取材

選挙区の各陣営や業界団体などを担当記者がまわり、集めた情報をもとに各候補がどれくらい票を集めそうかを予想します（これを「票読み」とも言う）。

実際に候補者陣営や各政党の選対関係者、地方議員などに取材したり、候補者のバックにある支持団体、たとえば自民党であれば建設業界や商工団体、宗教団体、民進党であれば連合など労働組合を中心に、その組織からどのくらい支持を受けているかを取材します。これらに加え、街頭で有権者の声を聞いたり、期日前投票をした人たちに取材をしたりして、過去の選挙結果と照らし合わせながら、票読みを固めていきます。

③出口調査

投票日当日、調査対象に選んだ投票所の出口で、投票を済ませた人に声をかけて候補者名や政党名が書かれた用紙に○をつけてもらい、これを小選挙区ごとに集計して投票動向を把握します。

地盤の強固な大物政治家がいる選挙区は、陣営取材や事前調査で対抗馬に大差をつけていることが多くあり、当日の出口調査の傾向と大きな開きがなければ、当確を打つことになります。

開票前から当確が出る舞台裏には、このような「**入念な事前調査**」があるのです。

56

出口調査は、訓練を受けた調査員が結果をかぎ回っている

開票率0%で当確を打つための、有力な手がかりの一つに出口調査があります。言葉ではよく耳にするけれど、実際に投票所で調査員に出くわしたことはないという方が多いのではないでしょうか。

出口調査は実際、どのようにおこなわれているのでしょう。

共同通信社総合選挙センター長によると、共同通信社では、投票日の前日か前々日に、約6000人の調査員（たいていの場合、アルバイト）に向けて、約3時間のインストラクションをしていると言います（『Journalism』2009年8月号）。

指導する内容は、①投票所会場前で有権者に調査票を手渡しする、②記入してもら

う際、調査員は記入内容が見えない位置まで後ろに下がる、③調査票を受け取ったら、すばやく袋に入れて、記入内容がわからないよう注意を払っていることをアピールする、などです。

これらを調査員が実践することにより、調査対象者がどの候補、どの政党に投票したかを安心して書いてもらえるようにしているといいます。

ちなみに共同通信社では、**必ず男女交互に聞く**ことになっているそうです。誘い合って投票にきた有権者の集団にいっぺんに聞いてしまうと、偏った調査結果になってしまうことがあるというのがその理由です。また夫婦の場合は、妻が遠慮して夫だけが回答してしまう例があるため、男女交互という原則を採用しているといいます。これまでの検証結果では、男女交互の方が実際の投票結果に近いことがわかっています。

もっと知りたい選挙の世界

出口調査

もともと出口調査は、1967年の米ケンタッキー州知事選でCBSが導入したのが、先行事例と言われています。

日本では1989年の参議院議員選挙で複数のテレビ局が取り入れたのが初めてで、すべての選挙区でおこなわれたのは1992年の参議院議員選挙から。

調査は、民放では他系列や新聞社、通信社などが協力しておこなうケースもあります。調査の規模は、たとえば、2009年の衆議院議員選挙では、NHKが全国300選挙区の約4200の投票所で40万～50万人、TBS系が7200の投票所で20万人以上、テレビ朝日系が54万人を目標として調査しました。

調査票

出口調査の調査票には何が書いてあるのでしょうか。

性別、年齢、どの候補者に投票したか、支持政党、前回は誰に投票をしたか、投票にあたって最も重視した基準は何かなどの質問項目が並んでおり、すべてどこかに「○」をつける選択制になっています。

出口調査がこれほどまでに重要になったのは、衆議院の選挙制度が中選挙区制から小選挙区比例代表並立制に変わったというのが最大の理由です。

中選挙区制の時代は、定数5の選挙区で有力な候補が6人いれば、4～6番目は得票率がどんぐりの背くらべになりがちで開票結果が出るまで、当落がわかりませんでした。

一方、小選挙区なら出口調査で50％を超える得票率があれば当選と考えられています。出口調査に関わる費用は数億円、情勢世論調査や開票所からの集票作業を加えた三本柱で十数億円の費用がかかっているとも言われます。

各社とも出口調査の研究が進み、近年、どこの社がおこなっても出口調査のデータはそう変わらなくなっており、各社が競うべきは当落予測や各党獲得議席数の予測に変化しつつあるというのが現状です。

57 マスコミは双眼鏡まで使って開票作業をのぞき見している

報道機関は接戦区の開票状況を見極める必要があるため、開票所にスタッフを派遣して**実際の開票作業をリアルタイムで観察する**ことになります。

開票時間になると投票箱の鍵が開けられ、投票用紙が大きな机の上に広げられます。それを候補者ごとに山や束に分けて、何枚あるかが数えられていきます。そして、**報道陣は指定されたスペースから双眼鏡を使い、開票作業をしている職員の手元をチェック**し、どの候補者の投票用紙が、どれくらい集まっているかを確認するのです。

開票が始まると双眼鏡をのぞきながら、通行量調査で使われるカウンターで票数を数え、本社にいる担当者に連絡したり、マイクつきのイヤホン（インカム）を携帯電話につなぎ、随時、候補の名前を読み上げながら、本社にいる電話口の集計者がカウントしていく場合もあります。

中には、選挙管理委員会の担当者が集計用に開票所に持ち込んだ**パソコン画面**を、双眼鏡を使ってのぞく猛者《もさ》もいます。

もっと知りたい選挙の世界

実際に開票所を観察した報道関係者の話

「ある接戦の選挙で、開票所の観察をしたことがあります。

その時は、記者が小さなハンディカメラを持ち、アシスタントは脚立を持って、二人組みで『開票の風景』を映像資料として放送するために撮らせてくださいと許可を取って中に入りました。

実際は、映像を撮っているフリをしているだけで、開票台に近づいて、どの候補に何票入るのかを観察して、インカムで速報センターにいる担当者に伝えていたのです。

たとえば、佐藤だったら〝S〟、田中だったら〝T〟といったように、気づかれないように小さな声で、開票をしている職員の手元をチェックしながら、SSTTSSTといったように伝えていました。

選挙管理委員会の担当者もピリピリしているので、あまり開票台に近づきすぎると『これ以上、中に入らないでください』と怒られたりもしていましたが、彼らのあまりの必死さに感心してしまいました」

58

経費を抑えるために投票時間が短縮されることもある

公職選挙法第40条では投票時間は「午後8時まで」と定められていますが、「**特別の事情がある場合に限り、4時間以内で投票時間の繰り上げが可能**」とも記されています。

もともと午後6時までだった投票時間が、投票率アップを目的に、午後8時まで繰り下げられたのは、1998年6月の公選法の改正施行からです。

また、2000年の公選法の改正より、投票時間の変更に必要だった都道府県選挙管理委員会による承認の必要がなくなり、届出制に変わりました。

これまでは投票所から開票所まで距離のある離島や農村部を中心に繰り上げがおこなわれてきましたが、都市部でも拡大傾向にあり、繰り上げをおこなう自治体の割合は、2003年の衆院選では約20%でしたが、2014年の衆院選では、33%に増加しました（2014年12月12日、産経新聞）。

この理由として、**期日前投票が浸透したことや自治体の事務作業が軽減されること**などが挙げられます。

また、選挙の開票には、市職員の時間外手当などで莫大な人件費がかかります。そのため、各自治体は**投票時間を短縮し、選挙事務にかかる経費を削減しようとする狙いもある**のです。

もっと知りたい選挙の世界

開票時間の短縮

開票時間の短縮については、各自治体ともしのぎを削っていて、２００７年に朝日新聞と早稲田大学マニフェスト研究所が全１８２７市区町村を対象に迅速化・効率面という観点から参院選の開票状況について、共同で調査を実施しました。

選挙区の票数が10万を超す市区では、群馬県高崎市の2時間5分が最も早い。長野県小諸市は従事者を１７１人から95人に減らしながら、時間をほぼ半減させて、人件費だけでも40万円以上減らしたことなどが調査により明らかになりました。

ちなみに投票開始時間を午前6時に繰り上げているのが、滋賀県八幡市沖島町の投票所。琵琶湖に浮かぶ唯一の有人島で有権者数は２８０人なのですが、早朝から出漁する人が多いというのがその理由です。

今後も地域事情に合わせて、投票時間が設定される傾向は続くでしょう。

59

開票立会人というバイトがある

開票所には、立候補者が選んだ「立会人」を一人だけ送り出すことができます。

立会人は、開票した投票用紙の束にハンコを押して、自分たちの票であることを確認、証明したり、按分票（100頁参照）がある場合などは、どっちの票になるか意見を述べることもあります。

実際に立会人を経験した人は、こう言っていました。

「点字だったり、お年寄りや体が不自由だと思われる人が震える手で書いたような字があったり、さまざまな字で書かれた投票用紙を見ると、いろんな人に応援されて議員になるんだと実感し、感動した。候補者本人も投票用紙を見るべきだ。そして、一

票の重さを肌身に感じて仕事をしてほしい」

ちなみに、**開票立会人の報酬は公職選挙法第62条により、一律8800円**と定められています。拘束時間は立候補者数などによってまちまちですが、人口が極端に少ない村での選挙や候補者が二人しかいない一騎打ちの選挙の場合、あっという間に終わることもあります。しかも、弁当が付く場合もあるようですから、候補者の命運を左右する重責を担うとしても、**考え方によってはおいしいバイト**かもしれません。

60

当選した翌日さえ朝立ちする

候補者は投開票の日、どんな一日を過ごすのでしょうか。

選挙運動は、投票日前日の午後8時をもって終わりを迎えます。この日ばかりは、体力を使い切っているので、普通に家に帰る候補者が多いことでしょう。

そして迎えた投開票当日、候補者は十分な休養を取った後、一般有権者と同じように投票を済ませ、事務所に向かいます。ここで投票日に唯一許されている最後の選挙運動が電話です。

「もう投票はお済みですか。まだでしたら、投票にぜひ行ってください」

と投票に行くように促すので、これを「**追い出しの電話**」と言います。

事務所では電話かけなどをしながら、開票速報を一緒に見守る後援者が来るのに備えテレビを設置したり、椅子を並べたりと準備を始めます。

夕方から開票速報に向けて、報道陣も含め、事務所に人が集まり始めます。

候補者が事務所で後援者と共に開票速報を見る場合もありますが、別室か自宅など選挙事務所の近くで家族や側近と共に見守る場合が多いものです。

夜8時になるとほぼ同時に、当確が決まる場合は最高の気分です（深夜まで決まらない場合、その間、候補者はネットの開票速報や親しい記者から入る情報などを得つつ、生きた心地のしない時間を過ごします）。

そして、当確が決まると、候補者は選挙事務所に駆けつけます。集まった支援者に挨拶し、バンザイした後、ダルマの目入れをする。この瞬間から政治家として新しい一日が始まります。さらに、当選を聞き駆けつけてくれた支援者への対応やお礼の電話をかけたり、受けたりしているうちに深夜を迎えます。

こうしたやり取りが落ち着いた後、選挙運動を一番近くで支えてくれたスタッフたちとお祝いの宴を夜通しやります。**人生でこんなにうまい酒があるのかというくらい楽しい時間**だと、当選した候補者なら誰もが言います。

朝方まで飲んだ後、2〜3時間の仮眠をとって、酔いもさめぬうちから朝立ち（早朝から駅や街頭に立って、街頭演説や手振りなどをする）**に出ます**。まさに当選した瞬間から、次の選挙に向けた戦いが始まるということです。

もちろん、この日も支援者にお礼の電話をかけたり、訪問したりが欠かせません。支援者へのお礼回りがひととおり済んだ後、地域の有力者や団体の有力者のところへ挨拶に行きます。その時驚くのは、それまで冷たい態度だった人たちが当選後、一夜にして態度を変えることです。

やっと一日を終え、家に帰ります。家族と過ごしたり、届いた祝電に目をとおして、次の日に備える。**こうして当選後24時間が過ぎていき、また激動の一日に立ち向かうのです。**

【著者略歴】

藤堂 勁（とうどう・けい）

昭和50年東京都生まれ。中央大学卒。
広告代理店勤務後、衆議院議員公設秘書を歴任する。
東京都議会議員選挙立候補の経験もある。
現在、現職衆議院議員の政策担当秘書。
国政選挙、地方選挙に通じた選挙のプロ。
藤堂勁はペンネーム。

お笑い総選挙

2016年5月20日　第1刷発行

著　者　藤堂 勁

発行者　土井尚道
発行所　株式会社　飛鳥新社
〒101-0003 東京都千代田区一ツ橋2-4-3　光文恒産ビル
電話（営業）03-3263-7770（編集）03-3263-7773
http://www.asukashinsha.co.jp

装　画　東風孝広
装　幀　遠藤嘉浩（遠藤デザイン）
編集協力　野口英明

印刷・製本　中央精版印刷株式会社

ISBN 978-4-86410-474-6

編集担当　三宅隆史